KB043670

MP3 다운로드 방법

컴퓨터에서

- 네이버 블로그 주소란에 **www.lancom.co.kr** 입력 또는 네이버 블로그 검색창에 **랭컴**을 입력하신 후 다운로드

- **www.webhard.co.kr**에서 직접 다운로드

아이디 : **lancombook**

패스워드 : **lancombook**

▶ mp3 다운로드

www.lancom.co.kr에 접속하여 **mp3**파일을 무료로 다운로드합니다.

▶ 우리말과 일본인의 1 : 1 녹음

책 없이도 공부할 수 있도록 일본인 남녀가 자연스런 속도로 번갈아가며 일본어 문장을 녹음하였습니다. 우리말 한 문장마다 일본인 남녀 성우가 각각 1번씩 읽어주기 때문에 보다 더 정확한 발음을 익힐 수 있습니다.

▶ mp3 반복 청취

교재를 공부한 후에 녹음을 반복해서 청취하셔도 좋고, 일본인의 녹음을 먼저 듣고 잘 이해할 수 없는 부분은 교재로 확인해보는 방법으로 공부하셔도 좋습니다. 어떤 방법이든 자신에게 잘 맞는다고 생각되는 방법으로 꼼꼼하게 공부하십시오. 보다 자신 있게 일본어를 할 수 있게 될 것입니다.

▶ 정확한 발음 익히기

발음을 공부할 때는 반드시 함께 제공되는 mp3 파일을 이용하시기 바랍니다. 언어를 배울 때 듣는 것이 중요하다는 것은 두말할 필요가 없습니다. 오랫동안 자주 반복해서 듣는 연습을 하다보면 어느 순간 갑자기 말문이 열리게 되는 것을 경험할 수 있을 것입니다. 의사소통을 잘 하기 위해서는 말을 잘하는 것도 중요하지만 상대가 말하는 것을 정확하게 듣는 것이 더 중요하다고 합니다. 활용도가 높은 기본적인 표현을 가능한 한 많이 암기할 것과, 동시에 일본인이 읽어주는 문장을 지속적으로 꾸준히 듣는 연습을 병행하시기를 권해드립니다. 듣는 연습을 할 때는 실제로 소리를 내어 따라서 말해보는 것이 더욱 효과적입니다.

포켓북

왕초보 일본어회화 사전

포켓북
왕초보 일본어회화 사전

2018년 12월 10일 초판 01쇄 발행
2023년 10월 10일 초판 12쇄 발행

지은이 박해리
발행인 손건
편집기획 김상배, 장수경
마케팅 최관호
디자인 이성세
제작 최승용
인쇄 선경프린테크

발행처 ***LanCom*** 랭컴
주소 서울시 영등포구 영신로34길 19
등록번호 제 312-2006-00060호
전화 02) 2636-0895
팩스 02) 2636-0896
이메일 elancom@naver.com

ISBN 979-11-89204-23-5 13730

하고 싶은
말을 바로 찾아
써먹는다!

내손에
펼쳐진
포켓북

왕초보 일본어회화 사전

박해리 지음

LanCom
Language & Communication

들어가며

일본어는 우리나라에서 제2외국어로 확실한 자리매김을 하고 있습니다. 최근에는 인터넷상에서 정보나 지식을 공유하기 위한 의사소통의 수단으로서 일본어의 중요성이 더욱 부각되고 있습니다. 이제까지 회화라고 하면 그저 많이 듣고 많이 따라 말하면 되는 줄 알았지만 이제 시간만 낭비하는 헛된 노력은 그만! 읽기 듣기 말하기 쓰기 4단계 일본어 공부법은 가장 효과적이라고 알려진 비법 중의 비법입니다. 아무리 해도 늘지 않는 일본어 공부, 이제 **읽듣말쓰 4단계**공부법으로 팔 걷어붙이고 달려들어 봅시다!

이 책은 휴대가 간편한 포켓북으로 제작되어 시간과 장소에 구애받지 않고 언제 어디서든 하고 싶은 말을 즉석에서 찾아 말할 수 있습니다.

읽기

왕초보라도 문제없이 읽을 수 있도록 일본인 발음과 최대한 비슷하게 우리말로 발음을 달아 놓았습니다. 우리말 해석과 일본어 표현을 눈으로 확인하며 읽어보세요.

- 같은 상황에서 쓸 수 있는 6개의 표현을 확인한다.
- 우리말 해석을 보면서 일본어 표현을 소리 내어 읽는다.

듣기

책 없이도 공부할 수 있도록 우리말 해석과 일본어 문장이 함께 녹음되어 있습니다. 출퇴근 길, 이동하는 도중, 기다리는 시간 등, 아까운 자투리 시간을 100% 활용해 보세요. 듣기만 해도 공부가 됩니다.

- 우리말 해석과 일본인 발음을 서로 연관시키면서 듣는다.
- 일본인 발음이 들릴 때까지 반복해서 듣는다.

쓰기

일본어 공부의 완성은 쓰기! 손으로 쓰면 우리의 두뇌가 훨씬 더 확실하게, 오래 기억한다고 합니다. 별도의 쓰기노트를 준비하여 적어도 3번 정도 또박또박 쓰면서 공부하다 보면 생각보다 일본어 문장이 쉽게 외워진다는 사실에 깜짝 놀라실 거예요.

- 먼저 기본 문장을 천천히 읽으면서 따라쓴다.
- 일본인의 발음을 들으면서 써본다.
- 표현을 최대한 머릿속에 떠올리면서 쓴다.

말하기

듣기만 해서는 절대로 입이 열리지 않습니다. 일본인 발음을 따라 말해보세요. 계속 듣고 말하다 보면 저절로 발음이 자연스러워집니다.

- 일본인 발음을 들으면서 최대한 비슷하게 따라 읽는다.
- 우리말 해석을 듣고 mp3를 멈춘 다음, 일본어 문장을 떠올려 본다.
- 다시 녹음을 들으면서 맞는지 확인한다.

대화 연습

문장을 아는 것만으로는 충분하지 않습니다. 대화를 통해 문장의 쓰임새와 뉘앙스를 아는 것이 무엇보다 중요하기 때문에 6개의 표현마다 Mini Talk를 하나씩 두었으며, Check Point!를 통해 회화의 감각을 익히도록 하세요.

- 대화문을 읽고 내용을 확인한다.
- 대화문 녹음을 듣는다.
- 들릴 때까지 반복해서 듣는다.

이 책의 내용

PART 01 기본편

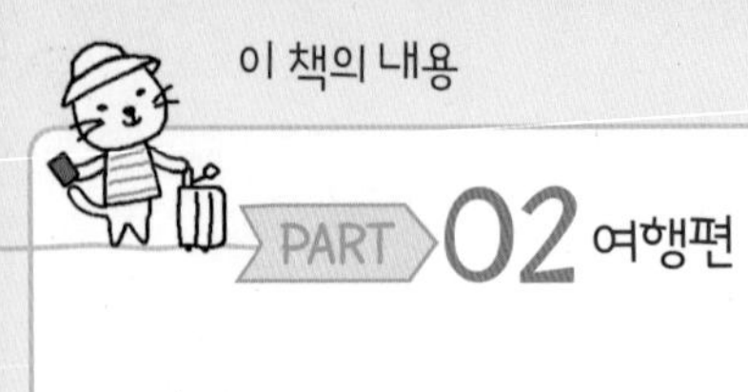
PART 02 여행편

교통

관광

쇼핑

PART 03 일상편

PART 01

기본편

- 基本編 -

やさしい日本語の会話

인사표현

대화·의사표현

자기소개 표현

감정표현

화제표현

취미와 여가 표현

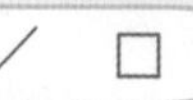

인사할 때

A: 今日(きょう)はいい天気(てんき)ですね。

교-와 이- 텡끼데스네

오늘은 날씨가 좋군요.

B: ほんとうにそうですね。

혼또-니 소-데스네

정말 그렇군요.

우리는 일상적으로 만났을 때 '안녕하세요'라고 하지만, 일본에서는 아침에 일어나서 점심때까지는 おはようございます라고 하며, 친근한 사이에서는 줄여서 おはよう만으로 인사를 합니다. 낮부터 저녁때까지는 こんにちは라고 하며, 해가 지고 어두워지면 こんばんは로 인사를 나눕니다. 그리고 밤에 헤어질 때는 おやすみなさい(안녕히 주무세요)라고 합니다.

안녕하세요.(아침)

おはようございます。
오하요- 고자이마스

안녕.(아침)

おはよう。
오하요-

안녕하세요.(낮)

こんにちは。
곤니찌와

안녕하세요.(저녁)

こんばんは。
곰방와

날씨가 좋네요.

いい天気(てんき)ですね。
이- 텡끼데스네

안녕히 주무세요.

おやすみなさい。
오야스미나사이

A: 오늘은 날씨가 좋군요.
B: 정말 그렇군요.

□ □ □

외출할 때

A: いってらっしゃい。

잇떼랏샤이

잘 다녀오셔요.

B: 行(い)ってきます。

잇떼 기마스

다녀오겠습니다.

외출을 하거나 출근할 때 집에 있는 사람에게 다녀오겠다고 인사를 할 때는 行ってきます라고 하며, 공손하게 말할 때는 行ってまいります라고 합니다. 이에 대한 대답으로 잘 다녀오라고 할 때는 行っていらっしゃい라고 합니다. 귀가를 했을 때는 ただいま라고 인사를 하면 おかえりなさい라고 하며 반갑게 맞이합니다.

다녀올게요.

行(い)ってきます。

잇떼 기마스

다녀오겠습니다.

行(い)ってまいります。

잇떼 마이리마스

잘 다녀오세요.

いってらっしゃい。

잇떼 이랏샤이

다녀왔습니다.

ただいま。

다다이마

어서 오세요.

おかえりなさい。

오까에리나사이

조심해서 다녀와요.

気(き)をつけてね。

기오 쓰케떼네

□ □ □

A: 잘 다녀오셔요.

B: 다녀오겠습니다.

근황을 물을 때

A: お元気(げんき)ですか。

오겡끼데스까

잘 지내십니까?

B: はい、おかげさまで元気(げんき)です。

하이, 오까게사마데 겡끼데스

네, 덕분에 잘 지냅니다.

Check Point!

お元気ですか는 영화를 통해 우리에게 잘 알려진 인사말로 상대의 안녕을 묻는 표현입니다. 대답할 때는 はい、元気です라고 하면 됩니다. 또한, 근황에 대해 물을 때는 건강뿐만 아니라 사업, 가족, 하는 일 등 다양하게 물어볼 수 있습니다. 그저 아주 잘 지내는 정도는 아니지만 그럭저럭 잘 지내고 있다고 대답할 때는 まあまあです라고 합니다.

Basic Expression

잘 지내시죠?

お元気(げんき)ですか。

오겡끼데스까

별일 없으세요?

おかわりありませんか。

오까와리 아리마셍까

요즘 어떠신가요?

このごろはいかがですか。

고노고로와 이까가데스까

일은 어떠세요?

仕事(しごと)はどうですか。

시고또와 도-데스까

그저 그래요.

まあまあです。

마-마-데스

좋아 보이네요.

お元気(げんき)そうですね。

오겡끼 소-데스네

□ □ □

A: 잘 지내십니까?

B: 네, 덕분에 잘 지냅니다.

처음 만났을 때

A: はじめまして。どうぞよろしく。

하지메마시떼. 도-조 요로시꾸

처음 뵙겠습니다. 잘 부탁드립니다.

B: お会(あ)いできてうれしいです。

오아이데키떼 우레시-데스

만나서 반갑습니다.

はじめまして는 처음 사람을 만났을 때 하는 관용적인 인사표현으로 뒤에 どうぞよろしく를 덧붙여 말하는 것이 정형화되어 있습니다. どうぞよろしく는 뒤에 お願いします(부탁드립니다)를 줄여서 표현한 것으로 상대에게 뭔가를 부탁을 할 때도 쓰이지만, 단순히 습관적인 인사치레의 말로 쓰이는 경우가 많습니다.

Basic Expression

처음 뵙겠습니다.

はじめまして。

하지메마시떼

잘 부탁합니다.

どうぞよろしく。

도-조 요로시꾸

저야말로 잘 부탁합니다.

こちらこそどうぞよろしく。

고찌라꼬소 도-조 요로시꾸

잘 부탁드립니다.

どうぞよろしくお願(ねが)いします。

도-조 요로시꾸 오네가이시마스

뵙게 되어 기쁩니다.

おめにかかれてうれしいです。

오메니카까레떼 우레시-데스

뵙게 되어 영광입니다.

おめにかかれて光栄(こうえい)です。

오메니카까레떼 코-에-데스

□ □ □

A: 처음 뵙겠습니다. 잘 부탁드립니다.

B: 만나서 반갑습니다.

학습일 /

오랜만에 만났을 때

A: おひさしぶりですね。

오히사시부리데스네

오랜만이군요.

B: 田中(たなか)くん、ひさしぶりだね。

다나카꿍, 히사시부리다네

다나카, 오랜만이야.

Check Point!

아는 일본인을 오랜만에 만났을 때의 인사표현으로 おひさしぶりですね가 있습니다. 이에 대한 인사로 아랫사람이라면 간단히 ひさしぶりだね라고 하면 됩니다. 잠깐 헤어졌다가 만날 때는 しばらくでした라고 합니다. 그 동안 어떻게 지냈는지 물을 때는 その後どうでしたか라고 하면 되고, 덕분에 잘 지냈다고 할 때는 おかげさまで라고 하면 됩니다.

Basic Expression

오랜만이군요.

おひさしぶりですね。
오히사시부리데스네

오래간만입니다.

しばらくでした。
시바라꾸데시다

오랫동안 격조했습니다.

長(なが)らくごぶさたしております。
나가라꾸 고부사따시떼 오리마스

뵙고 싶었어요.

お会(あ)いしたかったんです。
오아이시타깟딴데스

그동안 어떻게 지냈어요?

その後(ご)どうでしたか。
소노고 도-데시다까

별고 없으셨지요?

おかわりありませんでしたか。
오까와리 아리마센데시다까

□ □ □

A: 오랜만이군요.

B: 다나카, 오랜만이야.

헤어질 때

A: ごきげんよう。

고끼겡요-

안녕.

B: さようなら。また会(あ)う日(ひ)まで。

사요-나라. 마따 아우 히마데

다시 만날 때까지 안녕.

Check Point!

일상적으로 만나고 헤어질 때는 じゃ、またあした(그럼, 내일 봐요)라고 가볍게 인사를 나누며 헤어집니다. さようなら는 본래 それでは의 문어체로 현대어서는 작별할 때 쓰이는 인사말로 굳어진 형태입니다. 따라서 이것은 매일 만나는 사람과는 쓰지 않으며 오랫동안 헤어질 때 쓰이는 작별인사로 줄여서 さよなら라고도 합니다.

Basic Expression

안녕히 가세요(계세요).

さようなら。

사요-나라

안녕히 가세요.

ごきげんよう。

고끼겡요-

그럼, 또 내일 봐요.

では、またあした。

데와, 마따 아시따

그럼, 또 봐.

じゃ、またね。

쟈, 마따네

또 만나요.

また会(あ)いましょう。

마따 아이마쇼-

모두에게 안부 전해 주세요.

みなさまによろしく。

미나사마니 요로시꾸

□ □ □

A: 안녕.

B: 다시 만날 때까지 안녕.

고마울 때

A: ほんとうにありがとうございます。

혼또-니 아리가또- 고자이마스

정말로 고맙습니다.

B: どういたしまして。

도- 이따시마시떼

천만에요.

일본어로 고마움을 나타낼 때 가장 일반적인 말은 ありがとうございます입니다. 친근한 사이에서는 줄여서 ありがとう만으로도 사용합니다. 또한 상대의 친절한 행위나 말에 대한 대해서 고마움을 나타낼 때는 ~にありがとう로 표현하며 이에 대한 응답 표현으로는 どういたしまして(천만에요), こちらこそ(저야말로) 등이 있습니다.

Basic Expression

고마워요.

ありがとう。

아리가또-

대단히 고맙습니다.

どうもありがとうございます。

도-모 아리가또- 고자이마스

그동안 감사했습니다.

今(いま)までありがとうございました。

이마마데 아리가또- 고자이마시다

여러 가지로 신세가 많았습니다.

いろいろおせわになりました。

이로이로 오세와니 나리마시다

천만에요.

どういたしまして。

도- 이따시마시떼

저야말로.

こちらこそ。

고찌라꼬소

□ □ □

A: 정말로 고맙습니다.

B: 천만에요.

미안할 때

A: あっ、ごめんなさい。大丈夫（だいじょうぶ）ですか。

앗, 고멘나사이. 다이죠-부데스까

앗, 미안해요. 괜찮으세요?

B: ええ、わたしは大丈夫（だいじょうぶ）です。

에-, 와따시와 다이죠-부데스

예, 저는 괜찮아요.

일본인은 어렸을 때부터 남에게 폐를 끼치지 말라고 교육을 받은 탓에 상대에게 피해라고 여겨지면 실례나 사죄의 말이 입에서 자동으로 나올 정도입니다. 상대방에게 실수나 잘못을 했을 때는 보통 すみません, ごめんなさい가 가장 일반적이며, 에에 대한 응답 표현으로는 いいですよ, かまいませんよ, 大丈夫です 등이 있습니다.

Basic Expression

미안해요.

ごめんなさい。

고멘나사이

죄송합니다.

申(もう)しわけありません。

모-시와께 아리마셍

늦어서 미안해요.

遅(おく)れてすみません。

오꾸레떼 스미마셍

기다리게 해서 죄송합니다.

お待(ま)たせしてすみませんでした。

오마따세시떼 스미마센데시다

실례했습니다.

失礼(しつれい)しました。

시쯔레-시마시다

괜찮아요.

いいんですよ。

이인데스요

A: 앗, 미안해요. 괜찮으세요?

B: 예, 저는 괜찮아요.

□ □ □

Unit 09 인사 표현

축하할 때

Mini Talk

A: 誕生日(たんじょうび)おめでとう。

탄죠-비 오메데또-

생일 축하해.

B: ありがとう。

아리가또-

고마워.

Check Point!

おめでとう는 가장 일반적인 축하 표현이지만 좋은 결과에 대해 칭찬을 할 때도 쓰입니다. 정중하게 말할 때는 おめでとうございます라고 합니다. 본래 おめでとう는 めでたい(경사스럽다)에 ございます가 접속되었을 때 우음편을 한 형태입니다. 축하에 대한 응답으로는 ありがとう나 おかげさまで(덕분에) 등이 있습니다.

축하해요.

おめでとう。
오메데또-

축하합니다.

おめでとうございます。
오메데또- 고자이마스

진심으로 축하드립니다.

こころからお祝(いわ)い申(もう)し上(あ)げます。
고꼬로까라 오이와이 모-시아게마스

생일 축하해.

お誕生日(たんじょうび)おめでとう。
오딴죠-비 오메데또-

축하해요. 다행이네요.

おめでとう。よかったですね。
오메데또-. 요캇따데스네

당신 덕분입니다.

あなたのおかげです。
아나따노 오까게데스

A: 생일 축하해.
B: 고마워.

□ □ □

환영할 때

A: ようこそ韓国(かんこく)へ。

요-꼬소 캉코꾸에

한국에 잘 오셨습니다.

B: はい、どうも。

하이, 도-모

네, 고마워요.

가게에 가면 손님에게 いらっしゃいませ라고 큰소리로 맞이하는 것을 많이 볼 수가 있습니다. 손님을 맞이하며 집으로 안내할 때는 どうぞお入りください라고 합니다. 방문객을 맞이할 때 하는 환영의 인사말로는 보통 우리말의 '잘 오셨습니다'에 해당하는 よくいらっしゃいました나 おいでくださいました를 생략하여 ようこそ만으로 많이 쓰입니다.

Basic Expression

어서 오세요!

いらっしゃい!

이랏샤이

자 들어오십시오!

どうぞお入(はい)りください!

도-조 오하이리 구다사이

대환영입니다.

大歓迎(だいかんげい)です。

다이캉게-데스

잘 오셨습니다.

ようこそおいでくださいました。

요-꼬소 오이데 구다사이마시다

진심으로 환영합니다.

こころより歓迎(かんげい)いたします。

고꼬로요리 캉게- 이따시마스

꼭 오십시오.

ぜひいらしてください。

제히 이라시떼 구다사이

10 대화 다시듣기

A: 한국에 잘 오셨습니다.

B: 네, 고마워요.

□□□

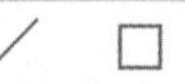

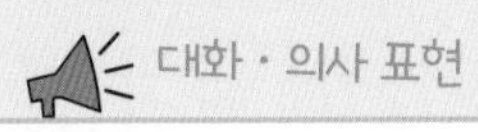

사람을 부를 때

A: あのう、吉村(よしむら)さん。

아노-, 요시무라상

저-, 요시무라 씨!

B: はい、田中(たなか)さん。どうしました?

하이, 다나까상. 도-시마시따

네, 다나카 씨. 무슨 일이죠?

Check Point!

서로 아는 사이라면 이름이나 직책, 호칭으로 표현하지만, 모르는 사람을 부를 때는 보통 すみません(실례합니다)라고 합니다. 상대의 이름만을 부를 때는 무척 친한 사이에만 쓸 수 있으므로 친근한 사이가 아니면 실례가 됩니다. 또한 상대와 대화를 원할 때는 상대의 사정을 살피며 お暇ですか(시간 있으세요?)라고 하면 됩니다.

저기요.

あのね。

아노네

이봐, 어딜 가는 거야?

おい、どこへ行(い)くんだ。

오이, 도꼬에 이꾼다

저, 미안합니다.

あの、すみません。

아노, 스미마셍

여보세요.

もしもし。

모시모시

잠깐 실례해요.

ちょっとすみません。

촛또 스미마셍

잠깐만요.

ちょっと待(ま)って。

촛또 맛떼

□ □ □

A: 저-, 요시무라 씨!

B: 네, 다나카 씨. 무슨 일이죠?

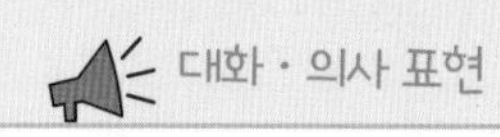

맞장구칠 때

A: そのとおりですね。

소노 도-리데스네

그래 맞아요.

B: そうですよ。おっしゃるとおりです。

소-데스요. 옷샤루 도-리데스

그래요. 맞는 말씀입니다.

맞장구는 상대의 이야기를 잘 듣고 있으니 계속하라는 의사 표현의 하나로 주로 쓰이는 자연스런 맞장구로는 そうですか, なるほど, そのとおりです 등이 있습니다. そうですか는 상대의 말에 적극적인 관심을 피력할 때 쓰이며, 친구나 아랫사람이라면 가볍게 끝을 올려서 そう?나 そうなの?로 표현하면 적절한 맞장구가 됩니다.

Basic Expression

맞아요.

そのとおりです。

소노 도-리데스

그러면 좋겠군요.

そうだといいですね。

소-다또 이-데스네

그랬어요?

そうでしたか。

소-데시다까

그래요, 그거 안됐군요.

そうですか、それはいけませんね。

소-데스까, 소레와 이께마센네

그래요, 몰랐어요.

そうですか、知(し)りませんでした。

소-데스까, 시리마센데시다

나도 그렇게 생각해요.

わたしもそう思(おも)いますね。

와따시모 소- 오모이마스네

□ □ □

A: 그래 맞아요.

B: 그래요. 맞는 말씀입니다.

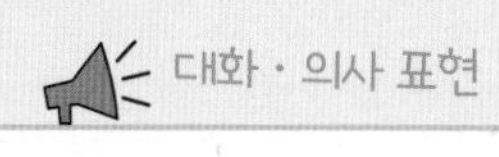

되물을 때

A: なんですって?

난데슷떼

뭐라고요?

B: だから、言(い)ったじゃないの。

다까라, 잇따쟈 나이노

그러니까, 말했잖아.

Check Point!

수업 시간 이외에 일상생활에서도 궁금한 점이 있으면 질문하기 마련입니다. 상황에 따라 적절한 질문의 요령을 익히도록 합시다. 외국어를 우리말처럼 알아듣고 이해한다는 것은 쉬운 일이 아닙니다. 상대의 말이 빠르거나 발음이 분명하게 들리지 않을 때, 또는 이해하기 힘들 때 실례가 되지 않도록 정중하게 다시 한 번 말해달라고 부탁하는 표현도 함께 익힙시다.

네?

はい?
하이

뭐라고요?

なんですって?
난데슷떼

뭐요?

なに?
나니

뭐라고 하셨어요?

なんとおっしゃいましたか。
난또 옷샤이마시다까

무슨 일이에요?

なんでしょうか。
난데쇼-까

저 말이에요?

わたしのことですか。
와따시노 고또데스까

☐☐☐

A: 뭐라고요?

B: 그러니까, 말했잖아.

질문할 때

A: もうひとつ、質問(しつもん)があります。

모- 히또쯔, 시쯔몽가 아리마스

하나 더 질문이 있습니다.

B: はい、何(なん)ですか。

하이, 난데스까

네, 뭐죠?

다른 사람의 말을 긍정할 때는 そうです(그렇습니다), 부정할 때는 ちがいます(아닙니다)라고 합니다. 흔히 そうです의 부정형인 そうではありません(그렇지 않습니다)이라고 말하기 쉬우나 そうではありません은 좀 더 구체적으로 지적해서 부정할 때 쓰며, 단순히 사실과 다르다고 할 때는 ちがいます라고 합니다.

하나 더 질문이 있습니다.

もうひとつ、質問(しつもん)があります。

모- 히또쯔, 시쯔몽가 아리마스

그건 무슨 뜻이에요?

それはどういう意味(いみ)ですか。

소레와 도-유- 이미데스까

네, 그래요.

はい、そうです。

하이, 소-데스

네, 알겠어요.

はい、わかりました。

하이, 와까리마시다

아뇨, 그렇지 않아요.

いいえ、そうじゃありません。

이-에, 소-쟈 아리마셍

아뇨, 달라요.

いいえ、ちがいます。

이-에, 치가이마스

□ □ □

A: 하나 더 질문이 있습니다.

B: 네, 뭐죠?

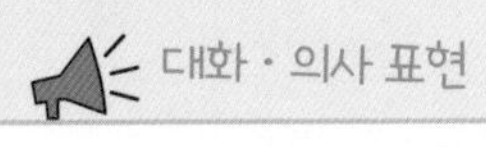

부탁할 때

A: わたしが案内(あんない)しましょう。

와따시가 안나이시마쇼-

내가 안내할게요.

B: どうも、よろしければお願(ねが)いします。

도-모, 요로시께레바 오네가이시마스

고마워요, 괜찮다면 부탁할게요.

Check Point!

무언가를 부탁할 때 가장 많이 쓰이는 표현으로는 お願いします(부탁합니다)가 있으며, 그밖에 요구 표현인 ~てください(~해 주세요) 등이 있습니다. 하지만 ~てください는 상대에게 직접 행동할 것을 요구하는 것으로 경우에 따라서는 불쾌감을 줄 수 있으므로 상대의 기분을 거슬리지 않는 ~ていただけませんか 등처럼 완곡한 표현을 쓰는 것이 좋습니다.

부탁드려도 될까요?

お願(ねが)いしてもいいですか。

오네가이시떼모 이-데스까

부탁이 있는데요.

お願(ねが)いがあるんですが。

오네가이가 아룬데스가

잠깐 괜찮아요?

ちょっといいですか。

촛또 이-데스까

좀 도와줄래요?

ちょっと手伝(てつだ)ってくれますか。

촛또 데쓰닷떼 구레마스까

예, 그러세요.

ええ、どうぞ。

에-, 도-조

좀 생각해 볼게요.

ちょっと考(かんが)えておきます。

촛또 강가에떼 오끼마스

A: 내가 안내할게요.

B: 고마워요, 괜찮다면 부탁할게요.

□ □ □

제안하거나 권유할 때

A: お茶(ちゃ)をどうぞ。

오챠오 도-조

차 좀 드세요.

B: これは何(なん)のお茶(ちゃ)ですか。

고레와 난노 오챠데스까

이건 무슨 차예요?

권유나 제안을 할 때는 どうですか(어떠세요?)와 いかがですか(어떠십니까?)라고 합니다. 또한 행위에 대한 권유나 제안을 할 때는 ~ましょうか(~할까요?)나 ~するのはどうですか(~하는 게 어때요?)가 쓰입니다. 권유나 제안을 받아들일 때는 よろこんで(기꺼이)라고 하며, 거절할 때는 そうできればいいんだけど(그렇게 할 수 있었으면 좋겠는데)라고 말합니다.

Basic Expression

제안이 하나 있는데요.

ひとつ提案(ていあん)があるんですが。

히토쯔 테-앙가 아룬데스가

좋은 생각이 있는데요.

いい考(かんが)えがあるんですが。

이- 강가에가 아룬데스가

이런 식으로 해보면 어떨까요?

こんなふうにしてみたらどうですか。

곤나 후-니 시떼 미따라 도-데스까

이건 어떻습니까?

これはいかがですか。

고레와 이까가데스까

물론이죠.

もちろんです。

모찌론데스

아뇨, 됐어요.

いいえ、けっこうです。

이-에, 겍꼬-데스

A: 차 좀 드세요.

B: 이건 무슨 차예요?

☐ ☐ ☐

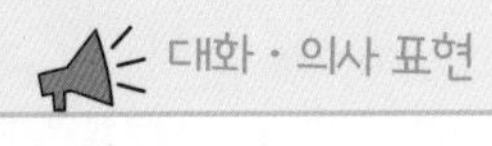

Unit 17

이해했는지 묻고 답할 때

Mini Talk

A: ここまでわかりましたか。

고꼬마데 와까리마시다까

여기까지 알겠어요?

B: はい、わかりました。もう少(すこ)し進(すす)んでください。

하이, 와까리마시다. 모- 스꼬시 스슨데 구다사이

네, 알았어요. 좀 더 하세요.

Check Point!

わかる는 듣거나 보거나 해서 이해하는 의미로 쓰이며, 知る는 학습이나 외부로부터의 지식을 획득하여 안다는 의미로 쓰입니다. 흔히 '알겠습니다'의 표현으로 わかりました를 쓰지만, 상사나 고객에게는 承知しました나 かしこまりました를 쓰는 것이 좋습니다. 그 반대 표현인 '모르겠습니다'도 わかりません이 아니라 わかりかねます라고 하는 것이 좋습니다.

Basic Expression

이제 알겠어요?

これでわかりますか。

고레데 와까리마스까

말하는 것을 알겠어요?

言(い)っていることがわかりますか。

잇떼이루 고또가 와까리마스까

그렇군요, 알겠어요.

なるほど、わかります。

나루호도, 와까리마스

모르겠어요.

わかりません。

와까리마셍

잘 모르겠어요.

よくわからないのです。

요꾸 와까라나이노데스

정말로 몰라요.

ほんとうに知(し)らないんです。

혼또-니 시라나인데스

A: 여기까지 알겠어요?

B: 네, 알았어요. 좀 더 하세요.

□ □ □

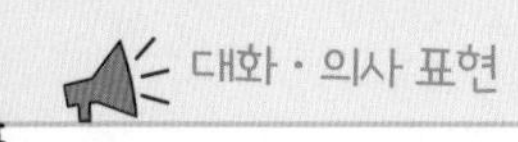

의견을 묻고 답할 때

A: あなたはどう思(おも)いますか。

아나따와 도- 오모이마스까

당신은 어떻게 생각하세요?

B: わたしも同感(どうかん)です。

와따시모 도-깐데스

저도 같은 생각이에요.

~についてどう思いますか(~에 대해서 어떻게 생각하세요?)는 뭔가에 대해서 상대의 의견를 묻는 가장 기본적인 표현입니다. 그밖에 ご意見はいかがですか(의견은 어떠십니까?) 등이 있습니다. 이에 대해 자신의 의견이나 견해를 말하고자 할 때는 먼저 私の考えでは, ~(내 생각은, ~) 등으로 서두를 꺼내고 하고 싶은 말을 연결하면 됩니다.

당신은 어떻게 생각하세요?

あなたはどう思(おも)いますか。

아나따와 도- 오모이마스까

당신의 의견은 어때요?

あなたの意見(いけん)はどうですか。

아나따노 이껭와 도-데스까

제 생각을 말할게요.

わたしの考(かんが)えを言(い)わせてください。

와따시노 강가에오 이와세떼 구다사이

제 의견을 말씀드릴게요.

わたしの意見(いけん)を申(もう)し上(あ)げます。

와따시노 이껭오 모-시아게마스

그렇게 생각해요.

そう思(おも)います。

소- 오모이마스

그렇게 생각하지 않아요.

そう思(おも)いません。

소- 오모이마셍

A: 당신은 어떻게 생각하세요?

B: 저도 같은 생각이에요.

□ □ □

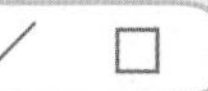

허락을 요청할 때

A: 写真(しゃしん)を撮(と)らせてもらってもいいですか。

샤싱오 도라세떼 모랏떼모 이-데스까

사진을 찍어도 되겠습니까?

B: はい。ぜひ撮(と)ってください。

하이. 제히 돗떼 구다사이

예, 어서 찍으세요.

우리는 누군가에게 뭔가 허락을 요청하기 전에 먼저 상대에게 양해를 얻어 행하게 마련입니다. 대부분 허가나 허락을 구하기 전에는 失礼ですが나 すみませんが 등으로 양해의 말을 꺼낸 다음 허락을 요청하는 말을 이어나갑니다. 일본어의 허가나 허락을 구하는 대표적인 표현으로는 ~てもいいですか 또는 ~てもかまいませんか가 있습니다.

Basic Expression

안에 들어가도 될까요?

中(なか)へ入(はい)ってもいいですか。

나까에 하잇떼모 이-데스까

여기서 담배를 피워도 될까요?

ここでたばこを吸(す)ってもいいですか。

고꼬니 다바꼬오 슷떼모 이-데스까

저걸 좀 보여 줄래요?

あれをちょっと見(み)せてもらえますか。

아레오 춋또 미세떼 모라에마스까

미안해요. 잠깐 지나갈게요.

すみません。ちょっと通(とお)らせてください。

스미마셍. 춋또 도오라세떼 구다사이

예, 하세요.

ええ、どうぞ。

에-, 도-조

그건 좀 곤란한데요.

それはちょっと困(こま)るんですが。

소레와 춋또 고마룬데스가

A: 사진을 찍어도 되겠습니까?

B: 예, 어서 찍으세요.

□□□

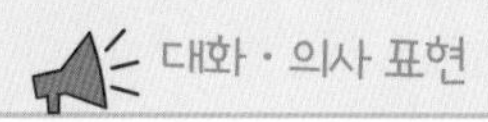

찬성하거나 반대할 때

A: この計画(けいかく)はそのまま進(すす)めてください。

고노 케-카꾸와 소노마마 스스메떼 구다사이

이 계획은 그대로 진행하세요.

B: はい、かしこまりました。

하이, 카시꼬마리마시다

네, 잘 알겠습니다.

일본어의 특징 중 하나가 우리말은 대체적으로 단정적으로 표현하지만, 일본어는 ~と思いますや ~と思いません를 말끝에 넣어서 완곡하게 표현하는 편입니다. 이것은 일본인은 자신의 의견을 명확하게 표현하지 않는 것이 상대에 대한 배려라고 생각하기 때문입니다. 단정적으로 찬반을 표시할 때는 賛成です, 反対(はんたい)です라고 합니다.

Basic Expression

그거 좋은 아이디어이군요.

それはいいアイディアですね。

소레와 이- 아이디아데스네

나도 그렇게 생각해요.

わたしもそう思(おも)います。

와따시모 소- 오모이마스

아뇨, 난 그렇게 생각하지 않아요.

いいえ、わたしはそうは思(おも)いません。

이-에, 와따시와 소-와 오모이마셍

그건 제 생각과는 달라요.

それはわたしの考(かんが)えとはちがいます。

소레와 와따시노 강가에또와 치가이마스

미안하지만, 난 찬성할 수 없어요.

悪(わる)いけど、わたしは賛成(さんせい)できません。

와루이께도, 와따시와 산세-데끼마셍

그건 절대로 무리예요.

それは絶対(ぜったい)に無理(むり)ですよ。

소레와 젯따이니 무리데스요

A: 이 계획은 그대로 진행하세요.

B: 네, 잘 알겠습니다.

☐ ☐ ☐

Unit 21

개인 신상에 대해 말할 때

A: わたしはいくつに見(み)えますか。

와따시와 이꾸쯔니 미에마스까

제가 몇 살로 보이세요?

B: およそ30前後(ぜんご)でしょうね。

오요소 산쥬- 젱고데쇼-네

대략 서른 안팎 같은데요.

사람과 사람이 만났을 때는 상대에 대한 서로의 정보가 필요합니다. 예를 들면 이름, 나이라든가 고향, 외국인일 경우에는 국적, 종교 등을 물을 수 있습니다. 이름을 물을 때는 お名前は何ですか, 나이를 물을 때는 おいくつですか, 고향이나 국적을 물을 때는 お国はどちらですか라고 합니다. 나아가서는 장래 희망 등 구체적인 것도 물어볼 수 있겠죠.

생일은 언제이세요?

お誕生日(たんじょうび)はいつですか。

오딴죠-비와 이쯔데스까

올해 몇이세요?

今年(ことし)、おいくつですか。

고또시, 오이꾸쯔데스까

어느 나라 사람이세요?

お国(くに)はどちらですか。

오꾸니와 도찌라데스까

어디에서 자랐어요?

どこで育(そだ)ちましたか。

도꼬데 소다찌마시다까

무슨 종교를 가지고 계세요?

どの宗教(しゅうきょう)をお持(も)ちですか。

도노 슈-꾜-오 오모찌데스까

앞으로 무엇이 되고 싶으세요.

将来(しょうらい)、何(なに)になりたいんですか。

쇼-라이, 나니니 나리따인데스까

A: 제가 몇 살로 보이세요?

B: 대략 서른 안팎 같은데요.

가족에 대해 말할 때

A: 何人家族(なんにんかぞく)ですか。

난닝 카조꾸데스까

가족은 몇 분이세요?

B: 4人家族(にんかぞく)です。両親(りょうしん)といもうととわたしです。

요닝 카조꾸데스. 료-신또 이모우토또 와따시데스

네 식구입니다.
부모님과 여동생과 저입니다.

Check Point!

자신의 가족을 상대에 말할 때는 윗사람이건 아랫사람이건 모두 낮추어서 말하고 상대방의 가족을 말할 때는 비록 어린애라도 존경의 의미를 나타내는 접두어 ご(お)나 접미어 さん을 붙여서 말합니다. 단 가족간에 부를 때는 윗사람인 경우는 さん을 붙여 말하며, 아랫사람인 경우는 이름만을 부르거나, 이름 뒤에 애칭인 ちゃん을 붙여 부릅니다.

가족은 몇 분이세요?

なんにん かぞく
何人家族ですか。
난닝 카조꾸데스까

형제자매는 있으세요?

きょうだい しまい
兄弟姉妹はおありですか。
쿄-다이 시마이와 오아리데스까

형제는 몇 명이세요?

きょうだい なんにん
ご兄弟は何人ですか。
고쿄-다이와 난닌데스까

부모님과 남동생이 있습니다.

りょうしん
両親とおとうとがいます。
료-신또 오또-또가 이마스

우리집은 대가족입니다.

だいかぞく
うちは大家族です。
우찌와 다이카조꾸데스

아직 아이는 없어요.

こども
まだ子供はいません。
마다 고도모와 이마셍

□ □ □

A: 가족은 몇 분이세요?

B: 네 식구입니다. 부모님과 여동생과 저입니다.

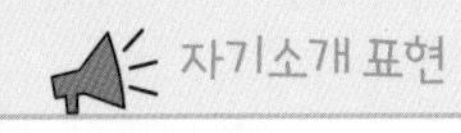

학교에 대해 말할 때

A: 大学(だいがく)で何(なに)を専攻(せんこう)したのですか。

다이가꾸데 나니오 센꼬-시따노데스까

대학에서 무엇을 전공했나요?

B: 経営学(けいえいがく)です。

케-에-각꾸데스

경영학입니다.

일본도 우리와 마찬가지로 초등학교(小学校), 중학교(中学校), 고등학교(高校), 대학교(大学)가 있습니다. 상대가 학생처럼 보일 때 학생이냐고 물을 때는 보통 学生さんですか, 학년을 물을 때는 何年生ですか라고 합니다. 어느 학교를 졸업했는지를 물을 때는 どこの学校を出ましたか라고 하고, 전공에 대해서 물을 때는 専攻は何ですか라고 물으면 됩니다.

어느 학교를 나왔어요?

どちらの学校(がっこう)を出(で)ましたか。

도찌라노 각꼬-오 데마시다까

어느 대학을 다니고 있어요?

どちらの大学(だいがく)に行(い)っていますか。

도찌라노 다이가꾸니 잇떼 이마스까

전공은 무엇이에요?

専攻(せんこう)は何(なん)ですか。

셍꼬-와 난데스까

무엇을 전공하셨어요?

何(なに)を専攻(せんこう)なさいましたか。

나니오 셍꼬- 나사이마시다까

몇 학년이에요?

何年生(なんねんせい)ですか。

난넨세-데스까

학생이세요?

学生(がくせい)さんですか。

각세-산데스까

A: 대학에서 무엇을 전공했나요?

B: 경영학입니다.

학교생활에 대해 말할 때

A: 今度(こんど)の試験(しけん)はどうでしたか。

곤도노 시껭와 도-데시다까

이번 시험은 어땠어요?

B: 思(おも)ったよりなかなかむずかしかったですよ。

오못따요리 나까나까 무즈까시깟따데스

생각보다 상당히 어려웠어요.

일본어의 학습기관은 일본어 교육기관인 일본어학교와 국제교류협회나 자원봉사 단체 등이 개최하는 일본어 교실, 일본어 강좌가 있습니다. 일본어를 모국어로 하지 않는 사람을 대상으로 일본어의 능력을 측정하기 위한 다양한 검정시험이 있습니다. 현재의 실력을 확인하고 진학이나 취직을 할 때 자신의 일본어 능력을 어필하는 데 이용할 수도 있습니다.

Basic Expression

무슨 동아리에 들었어요?

何(なん)のクラブに入(はい)ってるんですか。

난노 쿠라부니 하잇떼룬데스까

무슨 아르바이트를 하죠?

何(なん)のアルバイトをしているんですか。

난노 아루바이토오 시떼 이룬데스까

언제부터 중간고사가 시작되어요?

いつから中間(ちゅうかん)テストが始(はじ)まりますか。

이쯔까라 츄-깐 테스토가 하지마리마스까

내일부터 기말시험이에요.

あしたから期末試験(きまつしけん)です。

아시타까라 기마쯔시껭데스

이번 시험은 어땠어요?

今度(こんど)の試験(しけん)はどうでしたか。

곤도노 시껭와 도-데시다까

졸업하면 어떻게 할 거예요?

卒業(そつぎょう)したらどうするんですか。

소쯔교-시따라 도- 스룬데스까

A: 이번 시험은 어땠어요?

B: 생각보다 상당히 어려웠어요.

☐ ☐ ☐

직장에 대해 말할 때

A: どのような会社(かいしゃ)で働(はたら)いているのですか。

도노요-나 카이샤데 하따라이떼 이루노데스까

어떤 회사에서 일하세요?

B: 貿易会社(ぼうえきがいしゃ)で働(はたら)いています。

보-에끼 가이샤데 하따라이떼 이마스

무역회사에서 일하고 있습니다.

직업 분류에는 크게 会社員(かいしゃいん)과 自営業(じえいぎょう)으로 나눌 수 있습니다. 공무원을 役人(やくにん)이라고도 하며, 회사원을 サラリーマン이라고 합니다. 자신이 속해 있는 사람을 외부 사람에게 말을 할 경우에는 우리와는 달리 자신의 상사라도 높여서 말하지 않습니다. 단, 직장 내에서 호출을 할 때 상사인 경우에는 さん을 붙여 말합니다.

Basic Expression

당신은 회사원이세요?

あなたは会社員(かいしゃいん)ですか。

아나따와 카이샤인데스까

어느 회사에 근무하세요?

どの会社(かいしゃ)に勤(つと)めていますか。

도노 카이샤니 쓰또메떼 이마스까

사무실은 어디에 있어요?

オフィスはどこですか。

오휘스와 도꼬데스까

회사는 어디에 있어요?

会社(かいしゃ)はどこにあるんですか。

카이샤와 도꼬니 아룬데스까

이 회사에 근무합니다.

この会社(かいしゃ)に勤(つと)めています。

고노 카이샤니 쓰또메떼 이마스

이 회사에서 영업을 하고 있습니다.

この会社(かいしゃ)で営業(えいぎょう)をやっています。

고노 카이샤데 에-교-오 얏떼 이마스

A: 어떤 회사에서 일하세요?

B: 무역회사에서 일하고 있습니다.

□ □ □

직장생활에 대해 말할 때

A: 休暇(きゅうか)のときはなにをするつもりですか。

큐-까노 도끼와 나니오 스루 쓰모리데스까

휴가 때는 무얼 할 생각이세요?

B: まだ決(き)めていません。

마다 기메떼 이마셍

아직 정하지 않았어요.

일본의 최대 연휴는 ゴールデンウィーク(Golden Week)입니다. 4월 29일 緑の日(쇼와왕의 생일로 왕의 사후 명칭을 바꿔 휴일로 계속 지정), 5월3일 헌법기념일, 5월4일 국민의 날, 5월5일 어린이날로 이어지는 대표적 연휴 기간입니다. 주말 연휴와 연결될 경우 해에 따라서는 5~9일간의 연휴로 이어집니다. 대부분의 기업체는 물론, 관공서, 학교 등이 휴무 상태입니다.

Basic Expression

자, 일을 시작합시다.

さあ、仕事(しごと)を始(はじ)めましょう。

사-, 시고또오 하지메마쇼-

잠깐 쉽시다.

ひと休(やす)みしましょう。

히또야스미 시마쇼-

곧 점심시간이에요.

そろそろ昼食(ちゅうしょく)の時間(じかん)ですよ。

소로소로 츄-쇼꾸노 지깐데스요

먼저 갈게요.

おさきに失礼(しつれい)します。

오사끼니 시쯔레-시마스

수고하셨습니다. 내일 또 봐요!

おつかれさまでした。またあした!

오쓰까레사마데시다. 마따 아시따

퇴근길에 식사라도 할까요?

帰(かえ)りに食事(しょくじ)でもしましょうか。

가에리니 쇼꾸지데모 시마쇼-까

A: 휴가 때는 무얼 할 생각이세요? □ □ □

B: 아직 정하지 않았어요.

거주지에 대해 말할 때

A: 来月(らいげつ)、池袋(いけぶくろ)に引(ひ)っ越(こ)します。

라이게쯔, 이케부꾸로니 힉꼬시마스

다음 달, 이케부쿠로로 이사해요.

B: すごいですね。家(いえ)を買(か)いましたか。

스고이데스네. 이에오 가이마시다까

대단하네요. 집을 샀어요?

お住まいはどちらですか(어디에 사세요?)는 처음 만난 사람에게 묻는 표현이고, 알고 지내는 사이라면 今どこに住んでいますか(지금은 어디에 사세요?)라고 안부 겸해서 물을 수 있는 표현입니다. 주택에 대해서 물을 때는 どんな家に住んでいますか(어떤 집에 살고 있습니까?)라고 하며, 아파트에 살고 있으면 今アパートに住んでいます라고 대답하면 됩니다.

어디에 사세요?

お住(す)まいはどちらですか。

오스마이와 도찌라데스까

어느 동네에 사세요?

どこの町(まち)にお住(す)まいですか。

도꼬노 마찌니 오스마이데스까

댁은 몇 번지이세요?

お宅(たく)は何番地(なんばんち)ですか。

오타꾸와 남반찌데스까

직장에서 가까워요?

お勤(つと)めからは近(ちか)いですか。

오쓰또메까라와 치까이데스까

원룸 맨션에 살고 있나요?

ワンルームマンションに住(す)んでいますか。

완루-무 만숀니 슨데 이마스까

댁은 어떤 집이세요?

お宅(たく)はどんな家(いえ)ですか。

오타꾸와 돈나 이에데스까

□ □ □

A: 다음 달, 이케부쿠로로 이사해요.

B: 대단하네요. 집을 샀어요?

Unit 28

연애에 대해 말할 때

Mini Talk

A: 彼(かれ)のことを考(かんが)えると、とてもせつなくなるの。

카레노 고또오 강가에루또, 도떼모 세쯔나꾸나루노

그를 생각하면 아주 절실해져.

B: それは恋(こい)かもね。

소레와 코이까모네

그게 사랑일지도 몰라.

Check Point!

일본어에는 '사랑'이라는 말을 愛(あい)와 恋(こい)로 말합니다. 愛는 넓은 의미의 사랑을 말하고, 恋는 남녀 간의 사랑을 말합니다. '애인'을 恋人(こいびと)와 愛人(あいじん)이라고 하는데, 愛人은 불륜의 관계의 애인을 말합니다. 연애중일 때는 恋愛中(れんあいちゅう), 헤어질 때는 別(わか)れる, 이성에게 차였을 때는 ふられる라는 표현을 씁니다.

우리들은 사이가 좋아요.

わたしたちは仲(なか)よしです。

와따시타찌와 나까요시데스

그녀는 그저 친구예요.

彼女(かのじょ)はほんの友達(ともだち)ですよ。

가노죠와 혼노 도모타찌데스요

이성 친구는 있어요?

異性(いせい)の友達(ともだち)はいますか。

이세-노 도모타찌와 이마스까

남자 친구가 있어요?

ボーイフレンドがいますか。

보-이후렌도가 이마스까

나를 어떻게 생각해요?

わたしのことをどう思(おも)っていますか。

와따시노 고또오 도- 오못떼 이마스까

나와 사귀지 않을래요?

わたしとつき合(あ)ってくれませんか。

와따시또 쓰끼앗떼 구레마셍까

---

28 대화 다시듣기 □□□

A: 그를 생각하면 아주 절실해져.

B: 그게 사랑일지도 몰라.

결혼에 대해 말할 때

A: 彼女(かのじょ)と結婚(けっこん)することにしたよ。

카노죠또 겍꼰스루 고또니 시따요

그녀와 결혼하기로 했어.

B: そうか。よく決心(けっしん)したね。おめでとう。

소-까. 요꾸 겟신시따네. 오메데또-

그래? 잘 결심했어. 축하해.

일본어에서는 결혼은 현재도 진행 중이므로 과거형으로 말하지 않고 結婚しています로 말을 합니다. 우리말로 직역하여 結婚しました라고 한다면 일본인은 과거에 결혼한 적이 있고 지금은 이혼해서 혼자 살고 있는 것처럼 여기게 됩니다. 일본인의 결혼은 크게 恋愛結婚 (연애결혼)과 お見合い結婚(중매결혼)으로 나눌 수 있습니다.

Basic Expression

어떤 여자를 좋아하세요?

じょせい す
どんな女性が好きですか。

돈나 죠세-가 스끼데스까

어떤 사람과 결혼하고 싶으세요?

ひと けっこん
どんな人と結婚したいですか。

돈나 히토또 겍꼰시따이데스까

결혼했어요, 독신이세요?

けっこん どくしん
結婚してますか、独身ですか。

겍꼰시떼 마스까, 도꾸신데스까

언제 그와 결혼하세요?

かれ けっこん
いつ彼と結婚しますか。

이쯔 가레또 겍꼰시마스까

신혼여행은 하와이로 갈 거예요.

しんこんりょこう い
新婚旅行はハワイへ行きます。

싱꼰료꼬-와 하와이에 이끼마스

몇 살에 결혼하고 싶습니까?

けっこん おも
いくつで結婚したいと思いますか。

이꾸쯔데 겍꼰시따이또 오모이마스까

A: 그녀와 결혼하기로 했어.

B: 그래? 잘 결심했어. 축하해.

□ □ □

Unit 30

결혼생활에 대해 말할 때

Mini Talk

A: 今年(ことし)、金婚式(きんこんしき)なんですよ。

고또시, 킹꼰시끼난데스요

올해 금혼식이에요.

B: そうですか。それはおめでとうございます。

소-데스까. 소레와 오메데또- 고자이마스

그렇습니까? 축하드립니다.

Check Point!

CNN기자가 일본인의 결혼생활에서 애정어린 사랑을 서로 나누기 위한 5가지를 취재한 내용입니다. 1. 남편들이여 일찍 귀가하라 2. 적어도 8시 전에 아내들이여 집에서 편히 쉴 수 있는 공간을 만들어라 3. 남편들이여 아내를 부를 때는 이름을 불러줘라 4. 남편들이여 아내의 눈을 쳐다보면서 접근하라 5. 남편들이여 아내가 뭘 얘기하고자 하는가에 귀를 열어라

아이는 몇 명 갖고 싶으세요?

お子(こ)さんは何人(なんにん)ほしいですか。

오꼬상와 난닝 호시-데스까

예정일은 언제이세요?

予定日(よていび)はいつですか。

요떼-비와 이쯔데스까

아기는 남자예요, 여자예요.

赤(あか)ん坊(ぼう)は男(おとこ)ですか、女(おんな)ですか。

아깜보-와 오또꼬데스까, 온나데스까

우리들은 자주 싸워요.

わたしたちはよくけんかするんですよ。

와따시다찌와 요꾸 겡까스룬데스요

지금 아내와 별거하고 있어요.

いま、妻(つま)と別居(べっきょ)しているんです。

이마, 쓰마또 벡꾜시떼 이룬데스

이혼했습니다.

離婚(りこん)しています。

리꼰시떼 이마스

A: 올해 금혼식이에요.

B: 그렇습니까? 축하드립니다.

☐ ☐ ☐

행복과 행운을 빌 때

A: あたった!

아땃따

당첨됐어!

B: ほんとうに? それはおめでとう。

혼또-니? 소레와 오메데또-

정말이니? 그거 축하해.

복권 같은 큰 행운을 얻었거나 시험에 합격했을 때 감격하는 표현으로는 あたった!가 있습니다. 이때 상대의 행운을 기뻐할 때는 おめでとう(축하해)나 よかった(다행이다) 등으로 표현합니다. 신년을 맞이하여 축하인사를 할 때는 보통 あけましておめでとうございます라고 하며, 행운을 빌 때는 幸運を祈ります라고 합니다.

Basic Expression

부디 행복하세요.

どうぞおしあわせに。

도-조 오시아와세니

행복을 빌게요.

しあわせを祈(いの)ります。

시아와세오 이노리마스

내내 행복하시기를.

いつまでも幸福(こうふく)でありますように。

이쯔마데모 코-후꾸데 아리마스요-니

새해 복 많이 받으세요.

あけましておめでとうございます。

아께마시떼 오메데또- 고자이마스

여러분, 새해 복 많이 받으세요.

みなさん、新年(しんねん)おめでとう。

미나상, 신넹 오메데또-

행운을 빌겠습니다.

幸運(こううん)を祈(いの)ります。

코-웅오 이노리마스

□ □ □

A: 당첨됐어!

B: 정말이니? 그거 축하해.

Unit 32

감정 표현

기쁘거나 즐거울 때

A: 来(き)ていただいて、ほんとにうれしかったです。

기떼 이따다이떼, 혼또-니 우레시깟따데스

와 주셔서 정말 기뻤습니다.

B: わたしも、今日(きょう)は楽(たの)しかったです。

와따시모. 쿄-와 다노시깟따데스

저도 오늘 즐거웠어요.

Check Point!

기쁜 일이나 즐거운 일이 있으면 うれしい(기쁘다), たのしい(즐겁다), 最高だ(최고다) 등으로 자신의 감정을 솔직하게 표현해 봅시다. 우리말에 너무 좋아서 죽겠다는 표현이 있습니다. 이에 상응하는 일본어 표현으로는 ~てたまらない가 있는데, 이것은 상태나 정도가 너무 지나쳐서 견딜 수 없다는 것을 나타냅니다.

정말 기쁘네요.

ほんとうにうれしいですね。

혼또-니 우레시-데스네

무척 즐거워요.

とても楽(たの)しいですよ。

도떼모 다노시-데스요

기분 최고예요.

最高(さいこう)の気分(きぶん)ですよ。

사이꼬-노 기분데스요

이렇게 기쁜 일은 없어요.

これほどうれしいことはありません。

고레호도 우레시- 고또와 아리마셍

꿈꾸고 있는 것 같아요.

夢見(ゆめみ)てるようです。

유메미떼루 요-데스

기뻐서 말이 안 나와요.

うれしくてことばになりません。

우레시꾸떼 고또바니 나리마셍

A: 와 주셔서 정말 기뻤습니다.

B: 저도 오늘 즐거웠어요.

□ □ □

Unit 33 감정 표현

감탄하거나 칭찬할 때

Mini Talk

A: あたらしいネクタイ、とても似合(にあ)いますよ。

아따라시- 네쿠타이, 도떼모 니아이마스요

새 넥타이 잘 어울려요.

B: そう言(い)ってくれてうれしいですね。

소- 잇떼 구레떼 우레시-데스네

그렇게 말해 주니 기쁘네요.

Check Point!

칭찬을 싫어하는 사람은 아무도 없습니다. 상대방의 좋은 점을 찾아내서 칭찬하는 습관을 들이면 모든 사람에게 환영받는 사람이 될 수 있습니다. 다만 칭찬이 지나쳐서 아부가 되지는 않도록 조심해야겠죠? 칭찬할 때는 구체적으로 풍부하게 하는 것이 좋습니다. 건성으로 하는 칭찬은 하나마나니까요. 혹시 칭찬을 받았다면 고맙다는 말도 잊지 마세요.

정말로 멋지군요.

ほんとうにすばらしいですね。

혼또-니 스바라시-데스네

야, 굉장하군요.

いや、すごいですね。

이야, 스고이데스네

정말 훌륭한 사람이군요.

ほんとうにえらい人(ひと)ですね。

혼또-니 에라이 히또데스네

대단하군요.

大(たい)したもんですね。

다이시따몬데스네

훌륭합니다.

お見事(みごと)です。

오미고또데스

칭찬해 주셔서 고마워요.

お誉(ほ)めいただいてありがとう。

오호메 이따다이떼 아리가또-

□ □ □

A: 새 넥타이 잘 어울려요.

B: 그렇게 말해 주니 기쁘네요.

실망하거나 낙담할 때

A: もうどうしようもないよ。

모- 도-시요-모 나이요

이제 어쩔 도리가 없어.

B: また機会(きかい)があるから、まだあきらめるなよ。

마따 기까이가 아루까라, 마다 아끼라메루나요

아직 기회가 있으니까 아직 포기하지 마.

어떤 일에 대해서 실망할 때는 がっかりです라고 말하며, 실망하지 말라고 할 때는 がっかりしないでよ라고 합니다. 상대에게 포기하지 말라고 말할 때는 あきらめないでよ라고 위로의 말을 건넵시다. 그리고 상대가 일이 잘 풀리지 않아 낙담하고 있을 때 どうしようもないですよ라고 말하면 다소나마 위안을 얻을 것입니다.

Basic Expression

정말 유감이군요.

ほんとうに残念(ざんねん)ですね。

혼또-니 잔넨데스네

실망이에요.

がっかりですよ。

각까리데스요

실망하지 마요.

がっかりしないでよ。

각까리 시나이데요

이미 포기했어요.

もうあきらめたんですよ。

모- 아끼라메딴데스요

어쩔 도리가 없어요.

どうしようもないですよ。

도- 시요-모 나이데스요

이제 방법이 없어요.

もう仕方(しかた)がないですよ。

모- 시카따가 나이데스요

□ □ □

A: 이제 어쩔 도리가 없어.

B: 아직 기회가 있으니까 아직 포기하지 마.

후회할 때

A: あんなことをするんじゃなかったんですよ。

안나 고또오 스룬쟈 나깟딴데스요

그런 짓을 하는 게 아니었어요.

B: どうしてあんなことをしたんですか。

도-시떼 안나 고또오 시딴데스까

어째서 그런 일을 했어요?

자신이나 상대가 한 행동에 대해 만족스러울 때도 있지만 후회스러울 때도 많습니다. 자신이 한 일에 대해 후회할 때는 後悔しているんですよ라고 하며, 어떤 행위를 하지 않았으면 좋았을 텐데라고 후회하는 마음을 나타내는 표현은 あんなことしなければよかったのに라고 합니다. 그리고 상대가 후회하고 있을 때는 後悔しないでください라고 위로합시다.

Basic Expression

후회하고 있어요.

後悔(こうかい)しているんですよ。

코-까이시떼 이룬데스요

이제 되돌릴 수가 없어요.

もう取(と)り返(かえ)しがつかないですよ。

모- 도리까에시가 쓰까나이데스요

그런 짓을 하지 않았으면 좋았을 텐데.

あんなことしなければよかったのに。

안나 고또 시나께레바 요깟따노니

바보 같은 짓을 하고 말았어요.

ばかなことをしてしまったんですよ。

바까나 고또오 시떼 시맛딴데스요

내가 한 일을 후회하고 있어.

自分(じぶん)のしたことを後悔(こうかい)している。

지분노 시따 고또오 코-까이시떼 이루

후회하지 말아요.

後悔(こうかい)しないでください。

코-까이시나이데 구다사이

□□□

A: 그런 짓을 하는 게 아니었어요.

B: 어째서 그런 일을 했어요?

화날 때

A: あたまにきたよ。

아따마니 기따요

열 받네.

B: その気持(きも)ちはよくわかります。

소노 기모찌와 요꾸 와까리마스

그 기분은 잘 알겠습니다.

일본 사람들은 자신의 감정을 겉으로 드러내고 좀처럼 화를 내지 않습니다. 만약 화를 낸다면 상당히 화가 나있다고 볼 수 있습니다. 상대가 화가 나있거나 잘못하여 안절부절 못하고 있을 때 진정시키는 말로는 흔히 落ち着いてください(진정하세요)라고 합니다. 서로 감정이 상했을 때는 화해(仲直り)를 해야 하며, 그래야 사이좋게(仲よく) 지낼 수 있습니다.

Basic Expression

열 받아.

あたまにきたよ。

아따마니 기따요

정말 화가 나.

ほんとうに腹(はら)が立(た)つよ。

혼또-니 하라가 다쯔요

바보 취급하지 마요!

ばかにしないでよ!

바까니 시나이데요

더 이상 참을 수 없어요.

もう我慢(がまん)できないんですよ。

모- 가만 데끼나인데스요

진정해요!

落(お)ち着(つ)いて!

오찌쓰이떼

화낼 필요는 없습니다.

おこる必要(ひつよう)はありません。

오꼬루 히쯔요-와 아리마셍

□□□

A: 열 받네.

B: 그 기분은 잘 알겠습니다.

Unit 37

슬프거나 외로울 때

Mini Talk

A: 今日(きょう)はゆううつだ。

쿄-와 유-우쯔다

오늘은 우울해.

B: どうしてゆううつなの?

도-시떼 유-우쯔나노

왜 우울한데?

Check Point!

살다 보면 항상 기쁨만 있는 것이 아니라, 때로는 왠지 모르게 슬프거나(悲しい), 마음이 외롭거나(さびしい), 허무하고(むなしい), 우울할(ゆううつな) 때가 있습니다. 일본인은 자신의 감정을 드러내지 않는 것을 미덕으로 여기고 있습니다. 하지만 현대를 살아가는 사람에게 있어서 자신의 감정을 솔직하게 표현하는 것도 중요하다고 봅니다.

Basic Expression

왠지 슬프군요.

なんだか悲(かな)しいですね。

난다까 가나시-데스네

정말로 상처받았어요.

ほんとうに傷(きず)ついたんですよ。

혼또-니 기즈쓰이딴데스요

오늘은 쓸쓸하군요.

きょうはさびしいですね。

쿄-와 사비시-데스네

난 늘 외로워요.

わたしはいつも孤独(こどく)です。

와따시와 이쯔모 고도꾸데스

아무 것도 할 마음이 안 생겨요.

なにもやる気(き)がおきません。

나니모 야루 키가 오끼마셍

왜 우울하세요?

どうしてゆううつですか。

도-시떼 유-우쯔데스까

□ □ □

A: 오늘은 우울해.

B: 왜 우울한데?

놀랍거나 무서울 때

A: 大丈夫(だいじょうぶ)ですか。

다이죠-부데스까

괜찮아요?

B: ええ、ちょっとびっくりしただけです。

에-, 춋또 빅꾸리시따 다께데스

예, 좀 놀랐을 뿐이에요.

Check Point!

놀랐을 때는 びっくりした!(깜짝 놀랐어!), 驚いた!(놀랐어!)라고 표현합니다. 또한 しまった는 놀랐을 때나 실패하여 몹시 분할 때 내는 말로 우리말의 '아차, 아뿔싸, 큰일 났다' 등으로 해석이 가능합니다. 비슷한 표현으로는 たいへんだ(큰일이다)가 있습니다. 믿겨지지 않을 때 쓰이는 말로는 本当なの(정말이니?), 冗談でしょう(농담이겠죠?) 등이 있습니다.

깜짝 놀랐어요.

びっくりしましたよ。

빅꾸리시마시따요

그럴 리가 없어요.

そんなはずはありません。

손나 하즈와 아리마셍

그거 놀랍군요.

それはおどろきましたね。

소레와 오도로끼마시따네

놀라게 하지 마세요.

びっくりさせないでよ。

빅꾸리 사세나이데요

정말로 무섭군요.

ほんとうにおそろしいですね。

혼또-니 오소로시-데스네

뒤탈이 무서워요.

あとのたたりがおそろしいですよ。

아또노 다따리가 오소로시-데스요

☐☐☐

A: 괜찮아요?

B: 예, 좀 놀랐을 뿐이에요.

걱정하거나 위로할 때

A: どうかしたの? 元気(げんき)なさそうだな。

도-까 시따노? 겡끼나사소-다나

무슨 일 있니? 힘이 없어 보이는데.

B: いや、べつに。

이야, 베쯔니

아니, 별로.

상대방에 대한 근심과 걱정을 이해하고 격려해 줄 수 있는 마음이 있어야 보다 깊이 있는 교제를 할 수 있습니다. 상대에게 ご心配事でもありますか(걱정거리라도 있으세요?)라고 물으면 자신에게 관심을 가져준 것에 대해 고맙게 여길 것입니다. 여기에 덧붙여 心配しなでよ(걱정하지 마세요)라고 위로를 해 준다면 친분이 더욱 돈독해질 것입니다.

Basic Expression

괜찮아요?

大丈夫(だいじょうぶ)ですか。

다이죠-부데스까

어디 몸이 불편하세요?

どこか具合(ぐあい)が悪(わる)いんですか。

도꼬까 구아이가 와루인데스까

무리하지 않는 게 좋겠어요.

無理(むり)しないほうがいいですよ。

무리시나이 호-가 이-데스요

기분은 어때요?

気分(きぶん)はどうですか。

기붕와 도-데스까

무슨 걱정거리라도 있어요?

何(なに)か心配事(しんぱいごと)でもありますか。

나니까 심빠이고또데모 아리마스까

무슨 일이 있었어요?

何(なに)かあったんですか。

나니까 앗딴데스까

□ □ □

A: 무슨 일 있니? 힘이 없어 보이는데.

B: 아니, 별로.

Unit 40

좋고 싫음을 나타낼 때

A: わたしは歩(ある)くのが好(す)きです。

와따시와 아루꾸노가 스끼데스

나는 걷는 것을 좋아해요.

B: 今度(こんど)いっしょに歩(ある)きませんか。

곤도 잇쇼니 아루끼마셍까

다음에 같이 걸을까요?

좋고 싫음을 나타낼 때는 ~が好きです와 ~が嫌いです로 표현합니다. 우리말과 달리 그 좋고 싫음의 대상어 뒤에는 조사 を를 쓰는 게 아니라 が를 쓴다는 점에 유의합시다. 무척 좋아하거나 싫어할 때는 ~が大好(だいす)きです와 ~が大嫌(だいきら)いです로 표현하며, 마음에 들 때는 気に入ります로 마음에 들지 않을 때는 気に入りません이라고 합니다.

당신은 무엇을 가장 좋아하세요?

あなたは何(なに)がいちばん好(す)きですか。

아나따와 나니가 이찌반 스끼데스까

커피를 좋아하십니까?

コーヒーがお好(す)きですか。

코-히-가 오스끼데스까

왜 그를 싫어해요?

どうして彼(かれ)が嫌(きら)いですか。

도-시떼 카레가 기라이데스까

이 바지 마음에 들어요?

このズボン、気(き)に入(い)っているんですか。

고노 즈봉, 기니 잇떼 이룬데스까

그건 별로 안 좋아해요.

それはあんまり好(す)きじゃないんですよ。

소레와 암마리 스끼쟈 나인데스요

이거 그다지 마음에 들지 않아요.

これ、あまり気(き)に入(い)らないんです。

고레, 아마리 기니 이라나이나인데스

A: 나는 걷는 것을 좋아해요.

B: 다음에 같이 걸을까요?

□ □ □

건강에 대해 말할 때

A: お体(からだ)の具合(ぐあい)はもうよろしいですか。

오카라다노 구아이와 모- 요로시-데스까

건강은 이제 괜찮으세요?

B: ええ、だいぶよくなりました。

에-, 다이부 요꾸나리마시다

네, 많이 좋아졌어요.

건강은 무엇으로도 바꿀 수 없는 아주 소중한 것입니다. 상대의 건강이 안 좋아 보일 때는 ご気分でも悪いんですか(어디 편찮으세요?)라고 물어봅시다. 상대가 자신의 건강에 대해서 신경을 써주면 그만큼 자신에 관심이 있다는 것을 나타내므로 무척 고마운 일이 아닐 수 없습니다. 이럴 때는 먼저 감사를 표시하고 자신의 건강상태를 말합시다.

Basic Expression

오늘 기분은 어때요?

きょうの気分(きぶん)はどうですか。

쿄-노 기붕와 도-데스까

기운이 없어 보이네요.

元気(げんき)がないようですね。

겡끼가 나이요-데스네

어디 편찮으세요?

ご気分(きぶん)でも悪(わる)いんですか。

고키분데모 와루인데스까

어디가 안 좋으세요?

どこが悪(わる)いんですか。

도꼬가 와루인데스까

늘 운동하세요?

いつも運動(うんどう)していますか。

이쯔모 운도-시떼 이마스까

요즘 운동 부족이에요.

このところ運動不足(うんどうぶそく)です。

고노도꼬로 운도-부소꾸데스

☐ ☐ ☐

A: 건강은 이제 괜찮으세요?

B: 네, 많이 좋아졌어요.

성격에 대해 말할 때

A: 友達(ともだち)はすぐできるほうですか。

도모다찌와 스구 데끼루 호-데스까

친구는 잘 사귀는 편이세요?

B: いいえ、あまり社交的(しゃこうてき)ではありません。

이-에, 아마리 샤꼬-테끼데와 아리마셍

아뇨, 그다지 사교적이 아니에요.

일본인의 성격을 표현하는 말이 '혼네(本音)'와 '다떼마에(建前)'입니다. '혼네'란 마음속의 본심을 말하며, 속마음을 드러내지 않고 겉으로 그냥 하는 말을 '다떼마에'라고 합니다. 이처럼 일본인은 남의 입장을 곤란하게 하는 것은 실례라 생각하여 자신의 생각을 직접 표현하여 입장을 드러내기보다는, 예의를 지키고 배려해 주는 것을 미덕으로 여기기 때문입니다.

Basic Expression

당신의 성격이 어떻다고 생각하세요?

あなたの性格(せいかく)はどんなだと思(おも)いますか。

아나따노 세-카꾸와 돈나다또 오모이마스까

친구는 잘 사귀는 편이세요?

友達(ともだち)はすぐできるほうですか。

도모다찌와 스구 데끼루 호-데스까

당신은 외향적이라고 생각하세요?

あなたは外向的(がいこうてき)だと思(おも)いますか。

아나따와 가이꼬-테끼다또 오모이마스까

남자 친구는 소극적인 성격이에요.

彼(かれ)はひっこみ思案(じあん)のほうです。

카레와 힉꼬미지안노 호-데스

여자 친구는 성격이 급한 편이에요.

彼女(かのじょ)は気(き)が短(みじか)いほうです。

카노죠와 기가 미지까이 호-데스

남자 친구는 장난기가 좀 있어요.

彼(かれ)はちょっといたずらっ気(け)があります。

카레와 촛또 이따즈락께가 아리마스

□ □ □

A: 친구는 잘 사귀는 편이세요?

B: 아뇨, 그다지 사교적이 아니에요.

학습일 /

Unit 43

화제 표현

식성과 맛에 대해 말할 때

A: これ、味(あじ)はどうですか。

고레, 아지와 도-데스까

이거 맛이 어때요?

B: けっこうおいしいですよ。

겍꼬- 오이시-데스요

정말 맛있어요.

Check Point!

배가 고플 때는 おなかがすいた, 배가 부를 때는 おなかがいっぱいだ라고 하며, 식욕이 없을 때는 食欲がありません이라고 합니다. 음식의 맛을 물어볼 때는 味はどうですか로 하며, 맛있을 때는 おいしい, 맛이 없을 때는 まずい라고 합니다. 맛있다고 할 때 남자는 주로 うまい를 쓰며, 여자들은 おいしい를 쓰는 것이 일반적입니다.

Basic Expression

요즘 별로 식욕이 없어요.

このごろあまり食欲(しょくよく)がありません。

고노고로 아마리 쇼꾸요꾸가 아리마셍

맛은 어때요?

味(あじ)はどうですか。

아지와 도-데스까

정말로 맛있군요.

ほんとうにおいしいですね。

혼또-니 오이시-데스네

이 요리 맛있네요.

この料理(りょうり)、うまいですね。

고노 료-리, 우마이데스네

이건, 맛이 없어요.

これ、まずいですよ。

고레, 마즈이데스요

아쉽지만 입에 안 맞아요.

残念(ざんねん)ながら口(くち)に合(あ)いません。

잔넨나가라 구찌니 아이마셍

A: 이거 맛이 어때요?

B: 정말 맛있어요.

외모에 대해 말할 때

A: 彼女(かのじょ)はかわいい?

카노죠와 가와이-

여자 친구는 귀엽니?

B: うん。美(うつく)しいというよりむしろかわいい女(おんな)だよ。

웅. 우쯔꾸시-도이우요리 무시로 가와이- 온나다요

응, 아름답다기보다는 오히려 사랑스런 여자야.

상대의 키를 물을 때는 背はどのくらいありますか(키는 어느 정도입니까?), 몸무게를 물을 때는 体重はどのくらいですか(체중은 어느 정도입니까?)라고 합니다. 다만, 상대의 신체에 관련된 질문을 할 때는 경우에 따라서는 약점을 건드릴 수도 있으므로 신중하게 질문할 필요가 있습니다. 예쁘다고 할 때는 きれい라고 하며, 귀엽다고 할 때는 かわいい라고 합니다.

키가 어떻게 돼요?

背(せ)はどのくらいありますか。

세와 도노쿠라이 아리마스까

몸무게는 어떻게 돼요?

体重(たいじゅう)はどのくらいですか。

타이쥬-와 도노쿠라이데스까

좀 살이 찐 것 같아요.

ちょっと太(ふと)りすぎてるようです。

춋또 후또리스기떼루 요-데스

눈이 예쁘고 귀여운 여자가 좋아요.

目(め)がきれいなかわいい女(おんな)の子(こ)が好(す)きです。

메가 기레이나 가와이- 온나노 꼬가 스끼데스

남자 친구는 미남이에요.

彼(かれ)はハンサムです。

가레와 한사무데스

난 아버지를 많이 닮았어요.

わたしは父(ちち)によく似(に)ています。

와따시와 치찌니 요꾸 니떼 이마스

A: 여자 친구는 귀엽니?

B: 응, 아름답다기보다는 오히려 사랑스런 여자야.

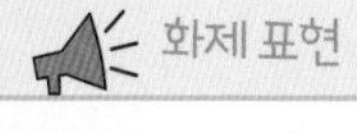

화제 표현

옷차림에 대해 말할 때

A: きょうは何(なに)を着(き)て行(い)こうかな。

쿄-와 나니오 기떼 이꼬-까나

오늘은 무얼 입고 갈까?

B: カジュアルなほうがいいですよ。

카쥬아루나 호-가 이-데스요

캐주얼한 게 좋겠어요.

일본인의 패션은 우리나라와 비슷합니다. 특히 젊은이들은 대중매체의 영향에 따라 패션이 바뀌는 것은 마찬가지이지만, 유행에 대한 민감도는 우리보다 높은 것 같습니다. 우리말의 '~에 맞다'라고 말할 때는 ~に合う라고 하며, 잘 어울린다고 말할 때는 よく似合う라고 합니다. 누구와 닮았다고 말할 때는 ~に似ている로 표현합니다.

Basic Expression

오늘은 무얼 입고 갈까?

きょうは何(なに)を着(き)て行(い)こうかな。

쿄-와 나니오 기떼 이꼬-까나

이 셔츠와 이 넥타이는 안 어울릴까?

このシャツとこのネクタイは合(あ)わないかな。

고노 샤츠또 고노 네쿠타이와 아와나이까나

옷에 맞는 가방이 없어요.

洋服(ようふく)に合(あ)ったバッグがありません。

요-후꾸니 앗따 박구가 아리마셍

이 옷은 어린 티가 나지 않아요?

この服(ふく)は子供(こども)っぽくないんですか。

고노 후꾸와 고도몹뽀꾸나인데스까

이 바지는 맞춰 입기에 좋아요.

このズボンはきまわしがききます。

고노 즈봉와 기마와시가 기끼마스

이건 지금 유행하는 헤어스타일이에요.

これは今流行(いまりゅうこう)のヘアスタイルです。

고레와 이마 류-꼬-노 헤아스타이루데스

□ □ □

A: 오늘은 무얼 입고 갈까?

B: 캐주얼한 게 좋겠어요.

Unit 46

시간에 대해 말할 때

A: そろそろ帰(かえ)りましょうか。

소로소로 가에리마쇼-까

이제 갈까요?

B: もう、こんな時間(じかん)ですね。

모-, 곤나 지깐데스네

벌써 시간이 되었네요.

때에 관한 표현은 일상생활에서 언제 어디서든 입에서 술술 나올 때까지 익혀두어야 합니다. 시간을 물을 때는 何時ですか(몇 시입니까?)라고 하며, 이에 대한 응답으로는 정각이면 ちょうど를 쓰고 정각을 지났을 때는 すぎ를 써서 표현합니다. 시간을 말할 때 時(시)는 じ로, 分(분)은 ふん 또는 ぷん으로 읽으며, 秒(초)는 びょう로 읽습니다.

지금 몇 시입니까?

いま　なんじ
今、何時ですか。
이마, 난지데스까

10시 5분전입니다.

じ　ふんまえ
10時5分前です。
쥬-지 고훙마에데스

9시 15분이 지났어요.

じ　ふん す
9時15分過ぎです。
쿠지 쥬-고훈 스기데스

몇 시에 약속이 있어요?

なんじ　やくそく
何時に約束がありますか。
난지니 약소꾸가 아리마스까

이제 갈 시간이에요.

い　じかん
もう行く時間ですよ。
모- 이꾸 지깐데스요

시간이 없어요.

じかん
時間がありませんよ。
지깡가 아리마셍요

□ □ □

A: 이제 갈까요?

B: 벌써 시간이 되었네요.

학습일 /

날짜와 요일에 대해 말할 때

A: 今日(きょう)は何日(なんにち)ですか。

쿄-와 난니찌데스까

오늘은 며칠인가요?

B: 4月(がつ)24日(か)です。今年(ことし)はうるう年(どし)ですよ。

시가쯔 니쥬-욕까데스. 고또시와 우루우도시데스요

4월 24일입니다. 올해는 윤년이에요.

1월부터 12월까지 말할 때는 月(がつ), 요일을 말할 때는 曜日(ようび), 1일부터 10일까지, 14일, 20일, 24일은 고유어로 읽으며 나머지는 한자음으로 읽습니다. 월, 요일 또는 날짜를 물을 때는 의문사 何를 써서 何月(なんがつ/몇 월), 何曜日(なんようび/무슨 요일), 何日(なんにち/며칠)라고 묻고, 연도를 물을 때는 何年(なんねん/몇 년)이라고 하면 됩니다.

오늘은 며칠입니까?

今日(きょう)は何日(なんにち)ですか。

쿄-와 난니찌데스까

오늘은 무슨 요일입니까?

今日(きょう)は何曜日(なんようび)ですか。

쿄-와 낭요-비데스까

오늘은 몇 월 며칠입니까?

今日(きょう)は何月何日(なんがつなんにち)ですか。

쿄-와 낭가쯔 난니찌데스까

당신의 생일은 언제입니까?

あなたの誕生日(たんじょうび)はいつですか。

아나따노 탄죠-비와 이쯔데스까

몇 년생이세요?

何年(なんねん)の生(う)まれですか。

난넨노 우마레데스까

무슨 띠이세요?

何年(なにどし)ですか。

나니도시데스까

A: 오늘은 며칠인가요?

B: 4월 24일입니다. 올해는 윤년이에요.

□ □ □

학습일 /

날씨에 대해 말할 때

A: 今日(きょう)はいい天気(てんき)ですね。

코-와 이- 텡끼데스네

오늘은 날씨가 좋군요.

B: そうですね。こんな日(ひ)はどこかへ行(い)きたくなります。

소-데스네. 곤나 히와 도꼬까에 이끼따꾸 나리마스

그렇군요. 이런 날은 어딘가 떠나고 싶어져요.

평소 나누는 관용적인 인사말 대신에 날씨에 관련된 표현으로 인사를 합니다. 봄에는 暖かいですね(따뜻하군요), 여름에는 暑いですね(덥군요), 무더울 때는 蒸し暑いですね(무덥군요), 가을에는 涼しいですね(시원하군요)라고, 겨울에는 寒いですね(춥군요)라고도 하지만 ひえますねぇ라고 하면 아주 한겨울의 추위가 뼛속까지 스며드는 느낌이 듭니다.

Basic Expression

오늘은 날씨가 어때요?

今日(きょう)はどんな天気(てんき)ですか。

쿄-와 돈나 텡끼데스까

주말 날씨는 어때요?

週末(しゅうまつ)の天気(てんき)はどうですか。

슈-마쯔노 텡끼와 도-데스까

점점 따뜻해지는군요.

だんだん暖(あたた)かくなってきましたね。

단당 아따따까꾸낫떼 기마시따네

오늘은 상당히 덥군요.

今日(きょう)はなかなか暑(あつ)いですね。

쿄-와 나까나까 아쯔이데스네

시원해서 기분이 좋군요.

涼(すず)しくて気持(きも)ちがいいですね。

스즈시꾸떼 기모찌가 이-데스네

추워졌어요.

寒(さむ)くなりましたね。

사무꾸 나리마시따네

A: 오늘은 날씨가 좋군요.

B: 그렇군요. 이런 날은 어딘가 떠나고 싶어져요.

□ □ □

계절에 대해 말할 때

A: 春が待ちどおしいですね。

하루가 마찌도-시-데스네

봄이 기다려져요.

B: 今年の冬はとても長かったんですからね。

고또시노 후유와 도떼모 나가깟딴데스까라네

올 겨울은 무척 길었으니까요.

Check Point!

3월에 봄이 시작되면 사람들은 TV의 일기예보에 귀를 기울이며 내 고장에 언제 벚꽃이 필까를 손꼽아 기다립니다. 여름은 5월부터 9월초까지이며 초여름은 짧으며 맑고 따뜻합니다. 이어지는 장마 동안에는 거의 매일 비가 옵니다. 가을에는 가끔 비가 오지만 날씨는 점점 건조하고 서늘해지며 강풍과 태풍을 겪기도 합니다. 그러면 단풍이 들게 됩니다.

Basic Expression

이제 곧 따뜻한 봄이군요.

もうすぐあたたかい春(はる)ですね。

모- 스구 아따따까이 하루데스네

장마가 들었어요.

つゆに入(はい)りましたよ。

쓰유니 하이리마시따요

이제 무더운 여름도 막바지이군요.

もうむし暑(あつ)い夏(なつ)も終(お)わりですね。

모- 무시아쯔이 나쯔모 오와리데스네

시원한 가을이 되었군요.

涼(すず)しい秋(あき)になりましたね。

스즈시- 아끼니 나리마시따네

드디어 추운 겨울이군요.

いよいよ寒(さむ)い冬(ふゆ)ですね。

이요이요 사무이 후유데스네

해가 무척 짧아졌어요.

すっかり日(ひ)が短(みじか)くなりました。

슥까리 히가 미지카꾸 나리마시다

□ □ □

A: 봄이 기다려져요.

B: 올 겨울은 무척 길었으니까요.

술과 담배에 대해 말할 때

A: タバコをやめたほうがいいよ。

다바꼬오 야메따 호-가 이-요

담배를 끊는 게 좋겠어.

B: わかっているけど、やめられないんだよ。

와캇떼 이루께도, 야메라레나인다요

알지만 끊을 수가 없어.

일본인도 우리와 마찬가지로 술을 마시면서 건배를 할 때는 乾杯(かんぱい)라고 외칩니다. 그러나 우리와는 달리 술을 권할 때는 한손으로 따라도 됩니다. 그리고 상대방이 잔에 술이 조금 남아 있을 때는 첨잔하는 것도 한국과는 크게 다른 점입니다. 그러나 담배는 상하 관계없이 자유로운 분위기에서 피울 수 있지만, 금연구역은 우리와 차이가 없습니다.

Basic Expression

어느 정도 술을 마시나요?

どのくらい酒(さけ)を飲(の)みますか。

도노쿠라이 사께오 노미마스까

저는 술에 약한 편이에요.

わたしは酒(さけ)に弱(よわ)いほうです。

와따시와 사께니 요와이 호-데스

김씨는 술꾼이에요.

キムさんは大酒飲(おおざけの)みです。

키무상와 오-자께노미데스

앞으로 담배와 술을 끊으려고 해요.

これからタバコとお酒(さけ)をやめようと思(おも)っています。

고레까라 타바코또 오사께오 야메요-또 오못떼 이마스

여기서 담배를 피워도 될까요?

ここでタバコを吸(す)ってもいいですか。

고꼬데 다바꼬오 슷떼모 이-데스까

여기는 금연입니다.

ここは禁煙(きんえん)になっています。

고꼬와 깅엔니 낫떼 이마스

□ □ □

A: 담배를 끊는 게 좋겠어.

B: 알지만 끊을 수가 없어.

취미에 대해 말할 때

A: わたしの趣味(しゅみ)は囲碁(いご)です。あなたは?

와따시노 슈미와 이고데스. 아나따와

제 취미는 바둑입니다. 당신은?

B: 将棋(しょうぎ)です。

쇼-기데스

장기입니다.

Check Point!

취미만큼 다양한 소재를 가지고 있는 화제도 많지 않으므로 ご趣味は何ですか(취미는 무엇입니까?)로 시작해서 여러 상황에 응용할 수 있도록 잘 익혀두길 바랍니다. 서로가 좋아하는 것과 관심을 가지고 있는 것에 대해 주고받으면 훨씬 대화가 부드럽게 진행됩니다. 무슨 일에 흥미가 있는지를 물을 때는 何に興味をお持ちですか라고 합니다.

Basic Expression

취미는 뭐예요?

ご趣味(しゅみ)は何(なん)ですか。

고슈미와 난데스까

무슨 취미가 있어요?

何(なん)かご趣味(しゅみ)はありますか。

낭까 고슈미와 아리마스까

일 이외에 무슨 흥미가 있어요?

仕事(しごと)以外(いがい)に何(なん)か興味(きょうみ)がありますか。

시고또 이가이니 낭까 쿄-미가 아리마스까

특별히 취미라고 할 건 없어요.

特(とく)に趣味(しゅみ)と言(い)えるものはありません。

토꾸니 슈미또 이에루 모노와 아리마셍

이렇다 할 취미가 없어요.

これといった趣味(しゅみ)がないんですよ。

고레또 잇따 슈미가 나인데스요

취미는 즐거운 일이에요.

趣味(しゅみ)は楽(たの)しいですね。

슈미와 다노시-데스네

□ □ □

A: 제 취미는 바둑입니다. 당신은?

B: 장기입니다.

학습일 ／ □

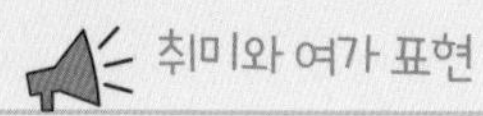

여가활동에 대해 말할 때

A: 何(なに)かけいごとをしていますか。

나니까 케-꼬고또오 시떼 이마스가

뭔가 교양 활동를 하나요?

B: はい、生(い)け花(ばな)をしています。

하이, 이께바나오 시떼 이마스

네, 꽃꽂이를 하고 있습니다.

우리나라 사람들이 세계에서 가장 일을 많이 하는 걸로 알려져 있지만 실제로는 OECD 국가 중에 일본인의 하루 노동시간이 가장 긴 편입니다. 일본인의 절반 이상이 일하는 것을 미덕으로 여길 만큼 죽을 때까지 일하지 않은 것에 대한 죄의식이 있을 정도입니다. 때문에 다른 선진국가의 사람들처럼 많은 여가를 즐기며 살고 있지 않는 것 같습니다.

Basic Expression

기분전환으로 어떤 것을 하세요?

気晴(きば)らしにどんなことをしますか。

기바라시니 돈나 고또오 시마스까

일이 끝난 후에는 어떻게 보내세요?

仕事(しごと)のあとはどうやって楽(たの)しんでますか。

시고또노 아또와 도-얏떼 다노신데 마스까

한가할 때는 무엇을 하세요?

お暇(ひま)なときは何(なに)をなさいますか。

오히마나 도끼와 나니오 나사이마스까

매달 동호인이 모여요.

毎月(まいげつ)、同好(どうこう)の士(し)が集(あつ)まるんですよ。

마이게쯔, 도-꼬-노 시가 아쯔마룬데스요

뭔가 교양 활동을 하세요?

何(なに)かけいごとをしていますか。

나니까 케-꼬 고또오 시떼 이마스까

영화를 보며 시간을 보내요.

映画(えいが)を見(み)てひまをつぶします。

에-가오 미데 히마오 쓰부시마스

□ □ □

A: 뭔가 교양 활동를 하나요?

B: 네, 꽃꽂이를 하고 있습니다.

오락에 대해 말할 때

A: どんなゲームをしたいんですか。

돈나 게-무오 시따인데스까

어떤 게임을 하고 싶으세요?

B: そうですね、トランプかマージャンはどうですか。

소-데스네, 토람푸까 마-쟝와 도-데스까

글쎄요, 트럼프나 마작은 어때요?

Check Point!

일본인은 여가의 3분의 1을 파친코나 경마와 같은 도박을 한다고 합니다. 비교적 짧은 휴일에는 많은 사람들이 도박을 즐기면서 시간을 보내지만, 2~3일 동안의 휴일에는 도박보다 운전, 실외활동, 스포츠 등으로 여가를 보냅니다. 또한 3일 이상 계속되는 휴일에는 독서, 공부, 가족간의 대화, 국내나 해외 여행을 즐기는 사람들이 많습니다.

Basic Expression

어떤 게임을 하고 싶으세요?

どんなゲームをしたいんですか。

돈나 게-무오 시따인데스까

빠찡코를 해 보고 싶네요.

パチンコをやってみたいですね。

파찡꼬오 얏떼 미따이데스네

이 게임은 재미있어서 그만둘 수 없어요.

このゲームは面白(おもしろ)くてやめられませんよ。

고노 게-무와 오모시로꾸떼 야메라레마셍요

바둑과 장기는 좋아하세요?

碁(ご)と将棋(しょうぎ)はお好(す)きですか。

고또 쇼-기와 오스끼데스까

내기에는 전혀 흥미가 없어요.

かけごとには全然(ぜんぜん)興味(きょうみ)がありません。

가께고또니와 젠젱 쿄-미가 아리마셍

나는 일절 도박은 안 해요.

わたしは一切(いっさい)ギャンブルはしません。

와따시와 잇사이 갸부루와 시마셍

A: 어떤 게임을 하고 싶으세요?

B: 글쎄요, 트럼프나 마작은 어때요?

□ □ □

책과 신문에 대해 말할 때

A: これはベストセラーだよ。

고레와 베스토세라-다요

이것은 베스트셀러야.

B: 読(よ)んでみたい本(ほん)だった。

욘데미따이 혼닷따

읽고 싶은 책이었어.

예전에는 전철에서 책을 읽는 사람들이 많다며 일본 국민의 독서 열기는 대단하다는 이야기를 매스컴을 통해 자주 들을 수 있었습니다. 일본 사람들이 만화를 많이 보는 것은 사실이지만 만화를 많이 본다고 책을 안 읽는 것은 결코 아닙니다. 그러나 요즘은 우리와 마찬가지로 전철을 타면 책을 읽는 사람보다는 스마트폰을 보는 사람이 더 많은 것 같습니다.

Basic Expression

책을 많이 읽으세요?

本(ほん)をたくさん読(よ)みますか。

홍오 닥상 요미마스까

평소 어떤 책을 읽으세요?

いつもどんな本(ほん)を読(よ)みますか。

이쯔모 돈나 홍오 요미마스까

좋아하는 작가는 누구죠?

好(す)きな作家(さっか)はだれですか。

스끼나 삭까와 다레데스까

요즘 베스트셀러는 무엇이죠?

現在(げんざい)のベストセラーは何(なん)ですか。

겐자이노 베스토세라-와 난데스까

신문은 무엇을 구독하세요?

新聞(しんぶん)は何(なに)をとってますか。

심붕와 나니오 돗떼마스까

어떤 잡지를 좋아하세요?

どんな雑誌(ざっし)が好(す)きですか。

돈나 잣시가 스끼데스까

A: 이것은 베스트셀러야.

B: 읽고 싶은 책이었어.

□ □ □

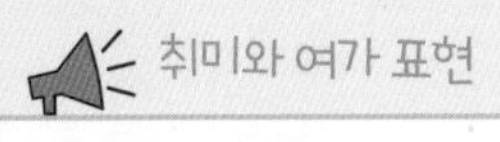

음악에 대해 말할 때

A: 彼(かれ)の歌(うた)は全部(ぜんぶ)大好(だいす)きです。

카레노 우따와 젬부 다이스끼데스

그의 노래는 모두 무척 좋아해요.

B: わたしは彼(かれ)の声(こえ)が好(す)きです。

와따시와 카레노 고에가 스끼데스

전 그의 목소리를 좋아해요.

일본의 대중음악, 즉 제이팝은 1980년대를 지나며 전성기를 누린 바 있습니다. 한국을 비롯한 아시아의 대중음악계에 큰 영향을 준 것은 사실입니다. 물론 지금은 '한류'의 영향으로 다소 시들하지만 아직까지도 제이팝은 '일류'의 중요한 부분을 차지하고 있습니다. 또한 엔카는 일본의 대중 음악 장르의 하나로 일본인 특유의 감각이나 정서에 기초한 장르입니다.

어떤 음악을 좋아하세요?

どんな音楽(おんがく)が好(す)きですか。

돈나 옹가꾸가 스끼데스까

음악이라도 틀까요?

何(なん)か音楽(おんがく)をかけましょうか。

낭까 옹가꾸오 가께마쇼-까

요즘, 인기가 있는 노래는 뭐예요?

最近(さいきん)、人気(にんき)のある歌(うた)は何(なん)ですか。

사이낑, 닝끼노 아루 우따와 난데스까

전 음치예요.

わたしは音痴(おんち)ですよ。

와따시와 온찌데스요

당신은 기타를 칠 줄 아세요?

あなたはギターを弾(ひ)けますか。

아나따와 기타-오 히께마스까

이번 콘서트에 안 갈래요?

今度(こんど)のコンサートに行(い)きませんか。

곤도노 콘사-토니 이끼마셍까

A: 그의 노래는 모두 무척 좋아해요.

B: 전 그의 목소리를 좋아해요.

☐ ☐ ☐

그림에 대해 말할 때

A: 今回(こんかい)の美術展(びじゅつてん)はどうでしたか。

공까이노 비쥬쓰뗑와 도-데시다까

이번 미술전은 어땠어요?

B: すばらしかったですよ。

스바라시깟따데스요

훌륭했어요.

日本画(にほんが)는 중국의 수묵화나 서양의 수채화와는 확연히 구분되는 독특한 스타일이 있습니다. 재료는 석채(石彩)를 사용하고, 기법은 중채(重彩)로 그리며, 서정적인 화조월풍을 소재로 한 조형주의라는 점에서 독특한 영역이 있습니다. 여기에 인공미와 치밀성, 과학성, 색채미, 보존성 등을 들 수 있습니다.

Basic Expression

어떤 그림을 좋아하세요?

どんな絵(え)が好(す)きですか。

돈나 에가 스끼데스까

어떤 화가를 좋아하세요?

どんな画家(がか)が好(す)きですか。

돈나 가까가 스끼데스까

그림을 그리는 것을 무척 좋아해요.

絵(え)を描(か)くのが大好(だいす)きです。

에오 가꾸노가 다이스끼데스

그림은 서툴어요.

絵(え)は下手(へた)です。

에와 헤따데스

전람회에는 자주 가세요?

展覧会(てんらんかい)にはよく行(い)きますか。

덴랑까이니와 요꾸 이끼마스까

이 그림은 뭐가 뭔지 모르겠어요.

この絵(え)は何(なに)が何(なん)だかわからないんですよ。

고노 에와 나니가 난다까 와까라나인데스요

□□□

A: 이번 미술전은 어땠어요?

B: 훌륭했어요.

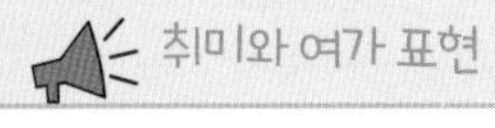

텔레비전에 대해 말할 때

A: あのドラマ、見(み)ていますか。

아노 도라마, 미떼 이마스까

그 드라마 보나요?

B: もちろんですよ。今週(こんしゅう)もかならず見(み)ますよ。

모찌론데스요. 곤슈-모 카나라즈 미마스요

물론이죠. 이번 주에도 꼭 볼 거예요.

NHK(일본방송협회 Nippon Hoso Kyokai)는 2개의 전국채널을 보유하고 있으며, 광고방송이 없는 대신 시청자로부터 시청료를 징수하여 운영하고 있습니다. 민영 TV방송국은 모두 신문사와 연계되어 있으며(니혼TV-요미우리신문, TV아사히-아사히신문 등) 광고수입으로 운영되고 있습니다. 지상파 방송은 24시간 계속해서 방송합니다.

텔레비전을 켜도 될까요?

テレビをつけてもいいですか。

테레비오 쓰께떼모 이-데스까

텔레비전을 꺼줄래요?

テレビを消(け)してくれませんか。

테레비오 게시떼 구레마셍까

채널을 바꿔도 될까요?

チャンネルを変(か)えてもいいですか。

챤네루오 가에떼모 이-데스까

그 드라마 보세요?

あのドラマ、見(み)ていますか。

아노 도라마, 미떼 이마스까

그 프로그램은 재미없어요.

あの番組(ばんぐみ)はつまらないんです。

아노 방구미와 쓰마라나인데스

뉴스를 봅시다.

ニュースを見(み)ましょう。

뉴-스오 미마쇼

☐ ☐ ☐

A: 그 드라마 보나요?

B: 물론이죠. 이번 주에도 꼭 볼 거예요.

학습일 /

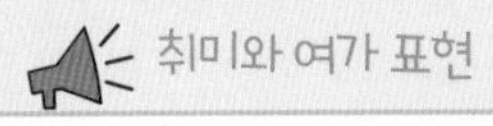

영화나 연극에 대해 말할 때

Mini Talk

A: 日本(にほん)のテレビの番組(ばんぐみ)を見(み)ますか。

니혼노 테레비노 방구미오 미마스까

일본의 텔레비전 프로를 보나요?

B: はい、とても楽(たの)しんでいます。

하이, 도떼모 다노신데 이마스

네, 무척 즐기고 있어요.

Check Point!

일본은 섬나라라서 토속적인 이야기가 많습니다. 그래서 영화화할 수 있는 콘텐츠가 다양합니다(사무라이, 귀신이야기 등). 같은 공포영화를 비교해도 우리나라는 전설의 고향같은 공포가 일색이지만(한 맺힌 귀신이야기) 일본영화는 저주받은 비디오 이야기(링)에 저주받은 집(주온), 그리고 기니피그 같은 마니아 취향의 고어물, 심지어 좀비스플래터 영화까지 만듭니다.

Basic Expression

영화는 자주 보러 가세요?

映画(えいが)にはよく行(い)きますか。

에-가니와 요꾸 이끼마스까

지금 어떤 영화를 하나요?

今(いま)どんな映画(えいが)をやってますか。

이마 돈나 에-가오 얏떼마스까

어떤 영화를 좋아하세요?

どんな映画(えいが)がお好(す)きですか。

돈나 에-가가 오스끼데스까

그 영화는 어땠어요?

その映画(えいが)はどうでしたか。

소노 에-가와 도-데시다까

그 연극은 언제 하나요?

あの芝居(しばい)はいつやるんですか。

아노 시바이와 이쯔 야룬데스까

이 연극 재미있을 것 같은데요.

この芝居(しばい)、おもしろそうですね。

고노 시바이, 오모시로소-데스네

A: 일본의 텔레비전 프로를 보나요? □□□

B: 네, 무척 즐기고 있어요.

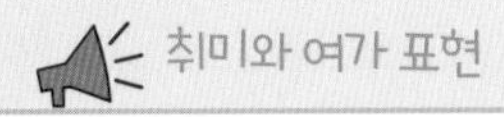

운동이나 스포츠에 대해 말할 때

A: 毎週(まいしゅう)、日曜日(にちようび)にテニスをします。

마이슈-, 니찌요-비니 테니스오 시마스

매주 일요일에 테니스를 합니다.

B: だれとするのですか。

다레또 스루노데스까

누구와 하세요?

Check Point!

스포츠에 관한 화제는 상대와의 공통점을 발견할 수 있는 좋은 기회로 쉽게 친해질 수 있는 계기가 됩니다. 어떤 스포츠를 하느냐고 물을 때는 どんなスポーツをやっていますか, 어떤 스포츠를 좋아하느냐고 물을 때는 どんなスポーツがお好きですか, 스포츠 관전을 권유할 때는 東京ドームへ行きませんか(도쿄돔에 안 갈래요?)라고 하면 됩니다.

Basic Expression

어떤 스포츠를 하세요?

どんなスポーツをやりますか。

돈나 스포-츠오 야리마스까

최근 골프를 시작했어요.

最近(さいきん)、ゴルフを始(はじ)めました。

사이낑, 고루후오 하지메마시다

어떤 스포츠를 좋아하세요?

どんなスポーツが好(す)きですか。

돈나 스포-츠가 스끼데스까

스포츠라면 무엇이든 좋아해요.

スポーツなら何(なん)でも好(す)きです。

스포-츠나라 난데모 스끼데스

운동은 못해요.

運動(うんどう)は苦手(にがて)です。

운도-와 니가떼데스

팀으로 하는 스포츠는 별로 안 해요.

チーム・スポーツはあまりやりません。

치-무 · 스포-츠와 아마리 야리마셍

□□□

A: 매주 일요일에 테니스를 합니다.

B: 누구와 하세요?

여행에 대해 말할 때

A: 旅(たび)に出(で)たいな。

다비니 데따이나

여행을 떠나고 싶구나.

B: ふたりで行(い)きたいところに行(い)ってみようか。

후따리데 이끼따이 도꼬로니 잇떼 미요-까

둘이서 가고 싶은 곳에 가볼까?

단체로 일본여행을 가면 현지 사정에 밝은 가이드가 안내와 통역을 해주기 때문에 말이 통하지 않아 생기는 불편함은 그다지 크지 않을 수 있습니다. 하지만, 일본인을 직접 만나서 대화를 하거나 물건을 구입하거나 할 때는 회화가 절대적으로 필요하며, 여행지에서의 자유로운 의사소통은 한층 여행을 즐겁고 보람차게 해주므로 가기 전에 미리 회화를 공부하는 것도 좋습니다.

Basic Expression

어딘가로 여행을 떠나고 싶군요.

どこかへ旅(たび)に出(で)たいですね。

도꼬까에 다비니 데따이데스네

마음 내키는 대로 여행을 하고 싶군요.

気(き)ままな旅(たび)をしたいですね。

기마마나 다비오 시따이데스네

이번에 여행을 하죠.

今度(こんど)、旅行(りょこう)しましょう。

곤도, 료꼬-시마쇼-

해외여행을 한 적이 있어요?

海外旅行(かいがいりょこう)したことがありますか。

카이가이 료꼬-시따 고또가 아리마스까

더 싼 패키지여행은 없어요?

もっと安(やす)いパック旅行(りょこう)はありませんか。

못또 야스이 팍쿠 료꼬-와 아리마셍까

관광 시즌이라 사람이 많네요.

観光(かんこう)シーズンだから人(ひと)が多(おお)いですね。

캉꼬- 시-즌다까라 히또가 오-이데스네

□ □ □

A: 여행을 떠나고 싶구나.

B: 둘이서 가고 싶은 곳에 가볼까?

PART 02

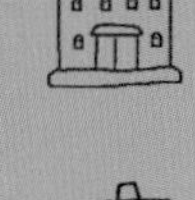

여행편

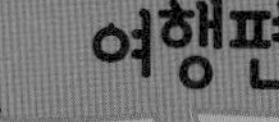
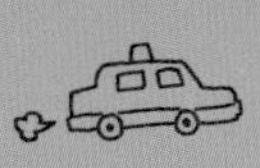

- 旅行編 -

やさしい日本語の会話

출입국
숙박
식사
교통
관광
쇼핑

기내에서

A: 飲(の)み物(もの)は何(なに)がありますか。

노미모노와 나니가 아리마스까

마실 것은 뭐가 있나요?

B: コーヒー、紅茶(こうちゃ)、ジュースなどがございます。

코-히-, 코-챠, 쥬-스 나도가 고자이마스

커피, 홍차, 주스 등이 있습니다.

공항에서 출국심사를 마치고 이제 비행기를 탑승하면 우리나라 영토를 떠나게 되는 셈입니다. 국제선의 기내는 그 항공사가 소속하는 나라의 영토 취급을 하기 때문입니다. 우리나라에서 출발하는 외국 항공회사의 기내에는 대부분 우리나라 승무원이 있어서 말이 통하지 않아 불편한 점은 그다지 많지 않습니다. 물론 우리나라 비행기를 타면 외국어가 필요 없지만...

Basic Expression

이건 어디에 두면 될까요?

これはどこに置(お)けばいいですか。

고레와 도꼬니 오께바 이-데스까

이 짐을 부탁할게요.

この荷物(にもつ)をお願(ねが)いします。

고노 니모쯔오 오네가이시마스

잠깐 지나갈게요.

ちょっと通(とお)してください。

촛또 도-시떼 구다사이

면세품을 기내에서 판매하나요?

免税品(めんぜいひん)を機内販売(きないはんばい)していますか。

멘제-힝오 기나이 함바이시떼 이마스까

입국카드 쓰는 법을 가르쳐 주세요.

入国(にゅうこく)カードの書(か)き方(かた)を教(おし)えてください。

뉴-코꾸카-도노 가끼카따오 오시에떼 구다사이

구토가 나는데 물 좀 주세요.

吐(は)き気(け)がするので、水(みず)をください。

하끼께가 스루노데, 미즈오 구다사이

A: 마실 것은 뭐가 있나요?

B: 커피, 홍차, 주스 등이 있습니다.

☐ ☐ ☐

여객선에서

A: 売店(ばいてん)はどこにありますか。

바이뗑와 도꼬니 아리마스까

매점은 어디에 있나요?

B: 二階(にかい)のレストランの入口(いりぐち)にあります。

니까이노 레스토란노 이리구찌니 아리마스

2층 식당 입구에 있습니다.

일본에 배로 가는 경우에는 비행기에 비해 목적지의 선택의 폭이 좁지만 저렴하게 여행할 수 있고 수속이 간편하다는 점입니다. 일본으로 가는 배편은 쾌속선과 훼리가 있습니다. 선내에 반입할 수 있는 수화물은 1인당 3개이며, 총 중량 20kg 이하입니다. 수화물은 2개까지 무료이며 3개부터는 부산에서는 만원, 일본에서는 천엔의 별도 요금이 필요합니다.

Basic Expression

제 선실은 어디인가요?

せんしつ
わたしの船室はどこですか。
와따시노 센시쯔와 도꼬데스까

큰방 안은 자유석인가요?

おおべや　なか　じゆうせき
大部屋の中は自由席ですか。
오-베야노 나까와 지유-세끼데스까

제 침구는 어느 것입니까?

しんぐ
わたしの寝具はどれですか。
와따시노 싱구와 도레데스까

바는 어디에 있나요?

バーはどこにありますか。
바-와 도꼬니 아리마스까

뱃멀미를 한 것 같은데요.

ふなよ
船酔いにかかったようです。
후나요이니 가깟따요-데스

지금 갑판에 나가도 되나요?

いま　　　　で
今デッキへ出てもいいですか。
이마 덱끼에 데떼모 이-데스까

□ □ □

A: 매점은 어디에 있나요?

B: 2층 식당 입구에 있습니다.

학습일 ／ □

입국심사

A: 旅行(りょこう)の目的(もくてき)は何(なん)ですか。

료꼬-노 목떼끼와 난데스까

여행 목적은 뭡니까?

B: 観光(かんこう)です。

캉꼬- 데스

관광입니다.

일본은 90일까지 무비자로 방문이 가능합니다. 미리 기내에서 입국신고서와 세관신고서를 작성해 놓으면 빠르게 입국심사를 받을 수 있으며, 입국신고서에는 체류할 호텔의 주소와 전화번호를 기입해야 합니다. 外国人이라고 표시한 곳에 줄을 서서 여권과 출입국신고서를 제출하면 입국심사에서는 여권 비자의 유효기간을 검사하고 입국목적, 체재기간 등을 묻습니다.

Basic Expression

여권을 보여 주세요.

パスポートを見(み)せてください。

파스포-토오 미세떼 구다사이

입국카드를 보여 주세요.

入国(にゅうこく)カードを見(み)せてください。

뉴-코꾸카-도오 미세떼 구다사이

무슨 일로 오셨습니까?

どんな用事(ようじ)で来(こ)られましたか。

돈나 요-지데 고라레마시다까

어느 정도 머무르실 예정입니까?

どのくらいご滞在(たいざい)の予定(よてい)ですか。

도노쿠라이 고타이자이노 요떼-데스까

어디에 머무르십니까?

どこにお泊(と)まりですか。

도꼬니 오또마리데스까

숙박처는 아직 정하지 않았습니다.

宿泊地(しゅくはくち)はまだ決(き)めておりません。

슈꾸하꾸찌와 마다 기메떼 오리마셍

□ □ □

A: 여행 목적은 뭡니까?

B: 관광입니다.

짐찾기

A: 荷物(にもつ)の特徴(とくちょう)を教(おし)えてください。

니모쯔노 토꾸쬬-오 오시에떼 구다사이

짐의 특징을 알려 주세요.

B: 大型(おおがた)のスーツケースです。
色(いろ)は青色(あおいろ)です。

오-가따노 스-츠케-스데스.
이로와 아오이로데스

대형 여행가방이고요. 청색입니다.

입국심사대를 무사히 통과하면 수화물을 찾습니다. ターンテーブル이 있는 곳으로 가면 자신이 타고 온 항공사와 편명이 표시된 턴테이블로 짐이 나오므로 그 주위에서 기다렸다 짐을 찾으면 됩니다. 자신의 짐을 찾으면 곧바로 税関의 표시를 따라 세관으로 가서 여권과 세관신고서를 담당에게 보여 주고 통과를 기다리면 됩니다.

Basic Expression

짐은 어디서 찾습니까?

にもつ　　　　　う　と
荷物はどこで受け取りますか。
니모쯔와 도꼬데 우케또리마스까

카트는 어디에 있나요?

カートはどこにありますか。
카-토와 도꼬니 아리마스까

내 짐이 안 보이는데요.

にもつ　み
わたしの荷物が見つかりません。
와따시노 니모쯔가 미츠까리마셍

여기 화물인환증 있어요.

にもつひきかえしょう
荷物引換証はこれです。
니모쯔히키까에쇼-와 고레데스

분실한 짐은 몇 개입니까?

ふんしつ　にもつ　なんこ
紛失した荷物は何個ですか。
훈시쯔시따 니모쯔와 낭꼬데스까

찾는 대로 호텔로 보내 주세요.

み　しだい　とど
見つかり次第ホテルに届けてください。
미쓰까리 시다이 호테루니 도도께떼 구다사이

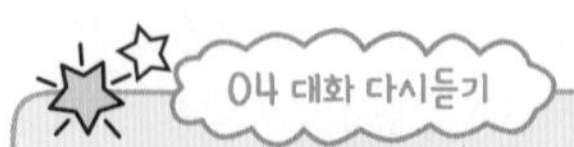

A: 짐의 특징을 알려 주세요.
B: 대형 여행가방이고요. 청색입니다.

□ □ □

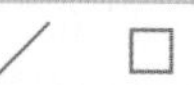

세관검사

A: 特別(とくべつ)に申告(しんこく)するものはありますか。

도꾸베쯔니 싱코꾸스루 모노와 아리마스까

특별히 신고할 물건은 있습니까?

B: 申告(しんこく)するものはありません。

싱코꾸스루 모노와 아리마셍

신고할 것은 없습니다.

턴테이블에서 자신의 수화물을 다 찾은 후에는 세관검사대 앞으로 가서 담당자에게 자신의 짐과 여권을 건네줍니다. 배낭을 든 여행자의 경우에는 대부분 그냥 통과할 수 있으며, 요즘은 짐이 있더라도 세관신고 때 짐을 열어보는 경우는 거의 없습니다. 그러나 과세 대상의 물품을 신고하지 않았다가 적발될 경우에는 압류를 당하거나 벌금을 물게 되므로 주의해야 합니다.

여권과 신고서를 보여 주세요.

パスポートと申告書(しんこくしょ)を見(み)せてください。

파스포-토또 싱코꾸쇼오 미세떼 구다사이

짐은 이게 다입니까?

お荷物(にもつ)はこれだけですか。

오니모쯔와 고레다께데스까

이 여행용 가방을 열어 주세요.

このスーツケースを開(あ)けてください。

고노 스-츠케-스오 아께떼 구다사이

이 내용물은 뭡니까?

この中身(なかみ)は何(なん)ですか。

고노 나까미와 난데스까

그건 제 일용품입니다.

それはわたしの身(み)の回(まわ)り品(ひん)です。

소레와 와따시노 미노마와리힌데스

이건 과세 대상이 됩니다.

これは課税(かぜい)の対象(たいしょう)となります。

고레와 가제-노 다이쇼-또 나리마스

A: 특별히 신고할 물건은 있습니까?

B: 신고할 것은 없습니다.

환전

A: どこで両替(りょうがえ)できますか。

도꼬데 료-가에 데끼마스까

어디서 환전할 수 있나요?

B: 両替(りょうがえ)と書(か)いてあるところに行(い)ってください。

료-가에또 가이떼 아루 도꼬로니 잇떼 구다사이

両替라고 써 있는 곳으로 가십시오.

Check Point!

일본으로 여행을 떠나기 전에 시내에 있는 은행이나 공항에 있는 우리나라 은행에서 미리 환전을 하기 때문에 일본에서 환전하는 일은 많지 않습니다. 만약 한국에서 일본 엔으로 환전하지 못 했을 경우에는 우리나라 공항과 마찬가지로 대부분의 일본 국제공항에는 환전소가 있으므로 문제가 없습니다. 참고로 일본은 우리나라보다 환전수수료가 비싼 편입니다.

Basic Expression

환전소는 어디에 있나요?

りょうがえしょ
両替所はどこですか。

료-가에쇼와 도꼬데스까

저기요, 돈을 바꾸고 싶은데요.

かね　か
すみません、お金を換えたいのですが。

스미마셍, 오까네오 가에따이노데스가

일본 엔으로 환전해 주세요.

にほんえん　りょうがえ
日本円に両替してください。

니홍 엔니 료-가에시떼 구다사이

한국 원의 환율은 어떻게 됩니까?

かんこく　かわせ
韓国ウォンの為替レートはどのくらいですか。

캉코꾸 원노 가와세레-토와 도노 쿠라이데스까

이 여행자수표를 현금으로 바꿔 주세요.

げんきん
このトラベラーズチェックを現金にしてください。

고노 토라베라-즈첵쿠오 겡낑니 시떼 구다사이

잔돈도 섞어 주세요.

こぜに　ま
小銭も混ぜてください。

고제니모 마제떼 구다사이

□ □ □

A: 어디서 환전할 수 있나요?

B: 両替라고 써 있는 곳으로 가십시오.

공항안내소

A: すみません、観光案内所(かんこうあんないじょ)はどこですか。

스미마셍, 캉꼬-안나이죠와 도꼬데스까

미안합니다, 관광안내소는 어디에 있나요?

B: 一階(いっかい)にあります。

익까이니 아리마스

1층에 있습니다.

공항로비의 안내소에는 무료지도, 관광가이드나 호텔가이드 등의 팸플릿이 준비되어 있습니다. 시내의 교통수단이나 호텔이 위치한 장소나 택시요금 등 필요한 정보도 얻을 수 있습니다. 또한 대형 국제공항에서는 호텔예약, 렌터카, 여행기간 동안 대중교통을 자유롭게 이용할 수 있는 프리패스 등을 구입할 수 있는 별도의 부스가 설치되어 있기도 합니다.

Basic Expression

관광안내소는 어디에 있나요?

観光案内所(かんこうあんないじょ)はどこですか。

강꼬-안나이죠와 도꼬데스까

호텔 목록은 있나요?

ホテルリストはありますか。

호테루 리스토와 아리마스까

시내지도를 얻을 수 있나요?

市内地図(しないちず)をもらえますか。

시나이치즈오 모라에마스까

여기서 호텔을 예약할 수 있나요?

ここでホテルを予約(よやく)できますか。

고꼬데 호테루오 요야꾸 데끼마스까

그 호텔은 어떻게 가나요?

あのホテルへはどうやって行(い)くのですか。

아노 호테루에와 도-얏떼 이꾸노데스까

시내는 뭘로 가면 가장 빠른가요?

市内(しない)へは何(なに)で行(い)けばいちばん速(はや)いんですか。

시나이에와 나니데 이께바 이찌방 하야인데스까

☐ ☐ ☐

A: 미안합니다, 관광안내소는 어디에 있나요?

B: 1층에 있습니다.

공항에서 시내로

きっぷ　の　まえ　か

A: 切符は乗る前に買うのですか。

깁뿌와 노루 마에니 가우노데스까

표는 타기 전에 사는 건가요?

しゃない　うんてんしゅ　はら

B: いいえ、車内で運転手に払ってください。

이-에, 샤나이데 운뗀슈니 하랏떼 구다사이

아뇨, 차 안에서 기사에게 지불하세요.

공항에서 심사를 마치고 나오면 드디어 시내로 들어가게 됩니다. 일본의 국제공항은 시내와 인접한 곳도 있지만, 나리타공항이나 간사이공항처럼 시내와 많이 떨어져 있는 공항이라면 전철이나 리무진버스 등을 이용하게 됩니다. 물론 숙소가 가까운 곳이라면 택시가 보다 편리하겠죠. 공항에는 대중교통 안내소가 있으므로 그곳에서 친절한 안내를 받으면 됩니다.

Basic Expression

카트는 어디에 있나요?

カートはどこにありますか。

카-토와 도꼬니 아리마스까

짐을 트렁크에 넣어 주세요.

荷物(にもつ)をトランクに入(い)れてください。

니모쯔오 토랑쿠니 이레떼 구다사이

이 호텔로 가 주세요.

このホテルへ行(い)ってください。

고노 호테루에 잇떼 구다사이

시내로 가는 버스는 어느 것입니까?

市内(しない)へ行(い)くバスはどれですか。

시나이에 이꾸 바스와 도레데스까

버스 표는 어디서 살 수 있죠?

バスの切符(きっぷ)はどこで買(か)えますか。

바스노 깁뿌와 도꼬데 가에마스까

이 버스는 어디에 섭니까?

このバスはどこに停(と)まりますか。

고노 바스와 도꼬니 도마리마스까

A: 표는 타기 전에 사는 건가요?

B: 아뇨, 차 안에서 기사에게 지불하세요.

귀국수속

A: 申(もう)し訳(わけ)ございませんが、席(せき)はひとつも残(のこ)っておりません。

모-시와께 고자이마셍가, 세끼와 히또쯔모 노꼬떼 오리마셍

죄송하지만, 좌석은 하나도 남아 있지 않습니다.

B: キャンセル待(ま)ちでお願(ねが)いできますか。

캰세루마찌데 오네가이데끼마스까

해약대기로 가능한가요?

여행을 할 때 대부분 왕복으로 비행기표를 구입하므로 예약을 확인할 필요가 없지만, 장기간 있을 경우에는 귀국한 날이 정해지면 미리 좌석을 예약해 두어야 합니다. 또 예약을 해 두었을 경우에는 출발 예정 시간의 72시간 이전에 전화로 이름, 연락 전화번호, 편명, 행선지를 말하면 됩니다. 예약 재확인을 안 하면 예약이 취소되는 경우도 있으므로 주의해야 합니다.

예약을 재확인하고 싶은데요.

リコンファームをしたいのですが。

리콩화-무오 시따이노데스가

비행편을 변경할 수 있나요?

便(びん)の変更(へんこう)をお願(ねが)いできますか。

빈노 헹꼬-오 오네가이 데끼마스까

다른 항공사를 봐주세요.

ほかの会社(かいしゃ)の便(びん)を調(しら)べてください。

호까노 카이샤노 빙오 시라베떼 구다사이

해약 대기라도 괜찮아요.

キャンセル待(ま)ちでもけっこうです。

캰세루마찌데모 겍꼬-데스

빨리 가 주세요. 늦었어요.

急(いそ)いでください。遅(おく)れているんです。

이소이데 구다사이. 오꾸레떼 이룬데스

기사님, 호텔로 돌아가 줄래요?

運転手(うんてんしゅ)さん、ホテルへ戻(もど)ってくれませんか。

운뗀슈상, 호테루에 모돗떼 구레마셍까

A: 죄송하지만, 좌석은 하나도 남아 있지 않습니다.

B: 해약대기로 가능한가요?

□ □ □

학습일 / □

귀국 탑승수속

A: お預(あず)けになる荷物(にもつ)はありますか。

오아즈께니나루 니모쯔와 아리마스까

맡기실 짐은 있으십니까?

B: 預(あず)ける荷物(にもつ)はありません。

아즈께루 니모쯔와 아리마셍

맡길 짐은 없습니다.

귀국 당일은 출발 2시간 전까지 공항에 미리 나가서 체크인을 마쳐야 한다. 출국절차는 매우 간단합니다. 터미널 항공사 카운터에 가서 여권, 항공권, 출입국카드(입국시 여권에 붙여 놓았던 것)를 제시하면 직원이 출국카드를 떼어 내고 비행기의 탑승권을 줍니다. 동시에 화물편으로 맡길 짐도 체크인하면 화물 인환증을 함께 주므로 잘 보관해야 합니다.

탑승수속은 어디서 하나요?

とうじょうてつづ
搭乗手続きはどこでするのですか。

토-죠-테쓰즈끼와 도꼬데 스루노데스까

항공 카운터는 어디입니까?

こうくう
航空カウンターはどこですか。

코-꾸-카운타-와 도꼬데스까

공항세는 있나요?

くうこうぜい
空港税はありますか。

쿠-꼬-제-와 아리마스까

창쪽으로 주세요.

まどがわ　せき　ねが
窓側の席をお願いします。

마도가와노 세끼오 오네가이시마스

이 가방은 기내로 가지고 들어갈 거예요.

きない　も　こ
このバッグは機内に持ち込みます。

고노 박구와 기나이니 모찌꼬미마스

탑승은 벌써 시작되었습니까?

とうじょう　はじ
搭乗はもう始まりましたか。

토-죠-와 모- 하지마리마시다까

□ □ □

A: 맡기실 짐은 있으십니까?

B: 맡길 짐은 없습니다.

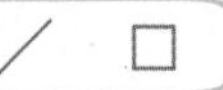

숙박

호텔 예약

Mini Talk

A: 何泊(なんぱく)のご予定(よてい)ですか。

남빠꾸노 고요떼-데스까

몇 박 머무실 예정이십니까?

B: 三泊(さんぱく)したいのですが。

삼바꾸시따이노데스가

3박을 하고 싶은데요.

Check Point!

만약 여행을 떠나기 전에 호텔을 예약하지 않았다면 현지 공항에 도착하여 공항의 여행안내소나 시내의 観光案内所(Tourist Information)에서 물어보고 호텔예약 안내를 받도록 합시다. 예약을 해주는 곳도 있기는 하지만, 가능하면 한국에서 출발하기 전에 예약을 해두는 것이 좋습니다. 예약할 때는 요금, 입지, 치안 등을 고려해서 정하도록 합시다.

오늘밤 묵을 호텔을 예약하고 싶은데요.

今晩(こんばん)のホテルを予約(よやく)したいのですが。

곰반노 호테루오 요야꾸시따이노데스가

다른 호텔을 소개해 주세요.

ほかのホテルを紹介(しょうかい)してください。

호까노 호테루오 쇼-까이시떼 구다사이

오늘밤 방은 비어 있나요?

今晩(こんばん)部屋(へや)は空(あ)いていますか。

곰방 헤야와 아이떼 이마스까

욕실이 딸린 싱글은 얼마입니까?

バス付(つ)きのシングルはいくらですか。

바스 쓰끼노 싱구루와 이꾸라데스까

아침식사는 나옵니까?

朝食(ちょうしょく)は付(つ)いていますか。

쵸-쇼꾸와 쓰이떼 이마스까

비성수기 할인은 없나요?

オフシーズン割引(わりびき)はありませんか。

오후시-증 와리비끼와 아리마셍까

A: 몇 박 머무실 예정이십니까? □□□

B: 3박을 하고 싶은데요.

체크인

A: 予約(よやく)はしてあるのですが。

요야꾸와 시떼 아루노데스가

예약을 했는데요.

B: お名前(なまえ)をお願(ねが)いできますか。

오나마에오 오네가이 데끼마스까

성함을 말씀해 주시겠습니까?

우리나라 호텔과 마찬가지로 호텔의 체크인 시각은 보통 오후 2시부터이므로 너무 늦게 도착하지 않도록 합시다. 만약 호텔 도착 시간이 오후 6시를 넘을 때는 예약이 취소되는 경우도 있으므로 늦을 경우에는 미리 호텔에 도착 시간을 전화로 알려두는 것이 좋습니다. 호텔에 도착하여 체크인할 때는 방의 형태, 설비, 요금, 체재 예정 등을 확인하도록 합시다.

체크인하고 싶은데요.

チェックインしたいんですが。

첵쿠인시따인데스가

예약은 안 했는데, 방은 있나요?

予約はしていませんが、部屋はありますか。

요야꾸와 시떼 이마셍가, 헤야와 아리마스까

조용한 방으로 주세요.

静かな部屋をお願いします。

시즈까나 헤야오 오네가이시마스

전망이 좋은 방으로 주세요.

眺めのよい部屋をお願いします。

나가메노 요이 헤야오 오네가이시마스

1박을 더 하고 싶은데요.

もう一泊したいんですが。

모- 입빠꾸 시따인데스가

이게 방 열쇠입니다.

こちらが部屋のカギとなります。

고찌라가 헤야노 카기또 나리마스

□ □ □

A: 예약을 했는데요.

B: 성함을 말씀해 주시겠습니까?

호텔에서 아침식사

A: 何時(なんじ)にお持(も)ちいたしましょう。

난지니 오모찌이따시마쇼-

몇 시에 갖다 드릴까요?

B: 7時半(じはん)にお願(ねが)いします。

시찌지한니 오네가이시마스

7시 반에 갖다 주세요.

우리나라 호텔과 마찬가지로 대부분의 호텔에서는 뷔페식 아침식사가 준비되어 있습니다. 뷔페에는 일본식과 양식이 골고루 갖춰져 있으므로 먹고 싶은 것을 골라서 식사를 하면 됩니다. 밖에서 아침식사를 할 경우에는 식당에 가서 원하는 것을 먹으면 됩니다. 또한 호텔 근처의 편의점이나 도시락전문에 가면 다양한 먹을거리가 준비되어 있으므로 간편하게 먹을 수 있습니다.

식당은 어디에 있나요?

食堂(しょくどう)はどこにありますか。

쇼꾸도-와 도꼬니 아리마스까

아침식사는 몇 시부터 할 수 있나요?

朝食(ちょうしょく)は何時(なんじ)から食(た)べられますか。

쵸-쇼꾸와 난지까라 다베라레마스까

아침식사는 몇 시까지 할 수 있나요?

朝食(ちょうしょく)は何時(なんじ)まで食(た)べられますか。

쵸-쇼꾸와 난지마데 다베라레마스까

아침식사는 방에서 할 수 있나요?

朝食(ちょうしょく)は部屋(へや)で取(と)れますか。

쵸-쇼꾸와 헤야데 도레마스까

아침식사를 룸서비스할 수 있어요?

朝食(ちょうしょく)をルームサービスできますか。

쵸-쇼꾸오 루-무사-비스 데끼마스까

부탁한 아침식사가 아직 안 왔어요.

頼(たの)んだ朝食(ちょうしょく)がまだ来(き)ません。

다논다 쵸-쇼꾸가 마다 기마셍

A: 몇 시에 갖다 드릴까요?

B: 7시 반에 갖다 주세요.

□ □ □

호텔 프런트에서

A: ホテルにはどんな施設(しせつ)がありますか。

호테루니와 돈나 시세쯔가 아리마스까

호텔에는 어떤 시설이 있나요?

B: ほとんどすべてそろっております。

호똔도 스베떼 소롯떼 오리마스

거의 모두 갖춰져 있습니다.

호텔에서 체크인을 하면 이제 본격적으로 여행이 시작됩니다. 현지 관광 등의 안내를 받고자 할 때는 프런트에 물으면 됩니다. 또한 호텔 내의 시설이나 와이파이 패스워드 등은 체크인할 때 확인해두도록 합시다. 트러블, 문의 사항은 대부분 프런트 데스크에 부탁하면 해결을 해주지만, 클리닝, 룸서비스 등의 내선번호는 방에 준비되어 있는 안내서에 적혀 있습니다.

Basic Expression

수영장은 무료입니까?

プールは無料(むりょう)ですか。

푸-루와 무료-데스까

선물을 살 수 있는 가게는 있나요?

おみやげを買(か)える店(みせ)はありますか。

오미야게오 가에루 미세와 아리마스까

정원에서 식사할 수 있나요?

庭(にわ)で食事(しょくじ)できますか。

니와데 쇼꾸지 데끼마스까

이 가방을 5시까지 맡아주었으면 하는데요.

このかばんを5時(じ)まで預(あず)かってもらいたいのですが。

고노 가방오 고지마데 아즈깟떼 모라이따이노데스가

여기서 관광버스 표를 살 수 있나요?

ここで観光(かんこう)バスのチケットを買(か)えますか。

고꼬데 강꼬-바스노 치켓토오 가에마스까

이 소포를 한국으로 보내고 싶은데요.

この小包(こづつみ)を韓国(かんこく)へ送(おく)りたいんですが。

고노 고즈쓰미오 캉코꾸에 오꾸리따인데스가

A: 호텔에는 어떤 시설이 있나요?

B: 거의 모두 갖춰져 있습니다.

□ □ □

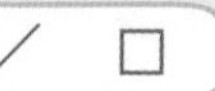

룸서비스

A: モーニングコールをお願(ねが)いします。

모-닝구코-루오 오네가이시마스

모닝콜을 부탁합니다.

B: 何時(なんじ)ですか。

난지데스까

몇 시에 말입니까?

프런트에서 체크인을 마치면 열쇠를 받아 배정된 방으로 짐을 가지고 들어갑니다. 만약 짐이 많을 경우에는 벨보이에게 부탁하면 됩니다. 룸서비스는 객실에서 식사를 하거나 음료, 주류 등을 마시고 싶을 때 이용합니다. 메뉴를 선택하여 전화를 걸면 객실로 배달해 주며 음식 값은 룸 차지(Room Charge)로 해두면 체크아웃할 때 정산됩니다.

Basic Expression

룸서비스는 있나요?

ルームサービスはありますか。

루-무사-비스와 아리마스까

몇 호실입니까?

何号室(なんごうしつ)ですか。

낭고-시쯔데스까

마실 물이 필요한데요.

飲(の)む水(みず)がほしいのですが。

노무 미즈가 호시-노데스가

드라이어를 갖다 주세요.

ドライヤーを持(も)って来(き)てください。

도라이야-오 못떼 기떼 구다사이

잠시 기다려 주세요.

ちょっと待(ま)ってください。

촛또 맛떼 구다사이

들어오세요.

お入(はい)りください。

오하이리쿠다사이

□ □ □

A: 모닝콜을 부탁합니다.

B: 몇 시에 말입니까?

세탁과 미용

A: 洗濯物(せんたくもの)の仕上(しあ)がりはいつですか。

센따꾸모노노 시아가리와 이쯔데스까

세탁은 언제 다 되나요?

B: 明日(あした)までには仕上(しあ)がります。

아시따마데니와 시아가리마스

내일까지는 됩니다.

일본의 민슈쿠(民宿)는 대부분 대도시보다는 관광지 주변의 지방에서 자주 볼 수 있으며 우리가 생각하는 민박과는 개념이 조금 다릅니다. 우리나라에서 민박의 의미는 일반 가정집에 방 한 두 개를 비워놓고 여행자들이 머무를 수 있도록 하는 경우가 대부분인데 반해 일본의 민슈쿠는 가족단위로 운영하는 일본식 료칸(旅館)에 가깝다고 보면 됩니다.

Basic Expression

세탁을 부탁합니다.

洗濯物(せんたくもの)をお願(ねが)いします。

센따꾸모노오 오네가이시마스

이 옷을 세탁해 주세요.

この衣類(いるい)を洗濯(せんたく)してください。

고노 이루이오 센따꾸시떼 구다사이

이 와이셔츠를 다려 주세요.

このワイシャツにアイロンをかけてください。

고노 와이샤츠니 아이롱오 가케떼 구다사이

호텔 안에 이발소는 있나요?

ホテル内(ない)に理髪店(りはつてん)はありますか。

호테루 나이니 리하쯔뗑와 아리마스까

헤어드라이로 말려 주세요.

ヘアドライヤーをかけてください。

헤아도라이야-오 가케떼 구다사이

가능한 빨리 해주세요.

できるだけ早(はや)くお願(ねが)いします。

데끼루다께 하야꾸 오네가이시마스

□ □ □

A: 세탁은 언제 다 되나요?

B: 내일까지는 됩니다.

호텔방에 문제가 있을 때

A: 責任者(せきにんしゃ)とお話(はな)ししたいのですが。

세끼닌샤또 오하나시시따이노데스가

책임자와 이야기를 하고 싶은데요.

B: どうもすみません。すぐメードを寄越(よこ)します。

도-모 스미마셍. 스구 메-도오 요꼬시마스

대단히 죄송합니다.
즉시 객실 담당 메이드를 보내겠습니다.

호텔에 머물다 보면 서비스나 이용에 대한 불만이 생길 수도 있습니다. 따라서 호텔 이용이 모두 만족할 수는 없습니다. 머무르고 있는 방에 타월이나 세면도구 등의 비품이 제대로 갖추어져 있지 않거나 가전제품의 고장으로 인한 불편이 있을 수 있습니다. 또한 도난사고도 있을 수 있습니다. 문제가 발생했을 때는 반드시 프런트 데스크에 연락을 취해 해결하도록 합시다.

방이 무척 추운데요.

部屋(へや)がとても寒(さむ)いんですが。

헤야가 도떼모 사무인데스가

에어컨이 고장났습니다.

エアコンが壊(こわ)れています。

에아콩가 고와레떼 이마스

화장실 변기가 막힌 것 같은데요.

トイレが詰(つま)まってしまったようです。

토이레가 쓰맛떼 시맛따 요-데스

샤워기에 뜨거운 물이 나오지 않아요.

シャワーのお湯(ゆ)が出(で)ません。

샤와-노 오유가 데마셍

무슨 이상한 냄새가 나는데요.

何(なん)か変(へん)なにおいがします。

낭까 헨나 니오이가 시마스

텔레비전 화면이 너무 안 좋아요.

テレビの映(うつ)りが悪(わる)すぎます。

테레비노 우쯔리가 와루스기마스

□ □ □

A: 책임자와 이야기를 하고 싶은데요.

B: 대단히 죄송합니다. 즉시 객실 담당 메이드를 보내겠습니다.

호텔에 뭔가를 요구할 때

A: 部屋(へや)から韓国(かんこく)に電話(でんわ)をかけられますか。

헤야까라 캉코꾸니 뎅와오 가께라레마스까

방에서 한국으로 전화를 걸 수 있나요?

B: はい。お手伝(てつだ)いいたします。

하이. 오테쓰다이 이따시마스

네, 도와드리겠습니다.

호텔방을 이용하면서 추가로 뭔가를 요구할 때는 프런트에 부탁하면 해결됩니다. 참고로 일본의 비즈니스호텔은 특급호텔에 비해 아주 저렴한 숙박시설로 비즈니스맨들이 많이 이용하는 곳입니다. 얼핏 보기에 일반 호텔과 비슷해 보이지만 서비스에 있어서 약간 차이가 있는데, 룸서비스가 없다는 것과 호텔 내에 부대시설이 부족하다는 것 등을 들 수 있습니다.

방을 깨끗이 청소해 주세요.

部屋(へや)をきれいに掃除(そうじ)してください。

헤야오 기레이니 소-지시떼 구다사이

옆방이 시끄러운데요.

となりの部屋(へや)がうるさいのですが。

도나리노 헤야가 우루사이노데스가

다른 방으로 바꿔 주시겠어요?

他(ほか)の部屋(へや)に替(か)えていただけますか。

호까노 헤야니 가에떼 이따다께마스까

잠깐 와 주세요.

ちょっと来(き)てください。

춋또 기떼 구다사이

칫솔과 치약을 주세요.

歯(は)ブラシと歯磨(はみが)き粉(こ)をください。

하부라시또 하미가키꼬오 구다사이

방으로 가져오세요.

部屋(へや)に持(も)ってきてください。

헤야니 못떼기떼 구다사이

A: 방에서 한국으로 전화를 걸 수 있나요?

B: 네, 도와드리겠습니다.

☐ ☐ ☐

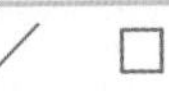

체크아웃

A: ご滞在(たいざい)はいかがでしたか。

고타이자이와 이까가데시다까

숙박은 어떠셨습니까?

B: とても楽(たの)しかったです。ありがとう。

도떼모 다노시깟따데스. 아리가또-

매우 즐거웠습니다. 고마워요.

드디어 여행을 마치면 호텔에서의 체크아웃을 준비합니다. 만약 아침 일찍 호텔을 떠날 때는 가능하면 전날 밤 짐을 꾸려 다음날 아침 짐을 가지러 오도록 미리 프런트에 부탁해두면 됩니다. 택시를 부르거나 공항버스 시각을 알아두고 체크아웃 예약도 전날 밤 해두면 여유롭게 출발할 수 있습니다. 체크아웃을 위해 방을 나갈 때는 잃은 물건이 없는지 확인하도록 합시다.

Basic Expression

체크아웃을 부탁합니다.

チェックアウトをお願(ねが)いします。

체쿠아우토오 오네가이시마스

맡긴 귀중품을 주세요.

預(あず)けた貴重品(きちょうひん)をお願(ねが)いします。

아즈케따 기쬬-힝오 오네가이시마스

여러모로 신세를 졌습니다.

いろいろお世話(せわ)になりました。

이로이로 오세와니 나리마시다

택시를 불러 주세요.

タクシーを呼(よ)んでください。

타꾸시-오 욘데 구다사이

방에 물건을 두고 나왔습니다.

部屋(へや)に忘(わす)れ物(もの)をしました。

헤야니 와스레모노오 시마시다

고맙습니다. 여기 계산서입니다.

ありがとうございます。はい、勘定書(かんじょうが)きです。

아리가또-고자이마스. 하이, 간쬬-가끼데스

A: 숙박은 어떠셨습니까?

B: 매우 즐거웠습니다. 고마워요.

숙박

일본여관에서

A: 空(あ)いた部屋(へや)がありますか。

아이따 헤야가 아리마스까

빈방이 있습니까?

B: はい、ございます。お一人(ひとり)さまですか。

하이, 고자이마스. 오히또리사마데스까

네, 있습니다. 혼자이십니까?

료칸은 호텔과는 달리 일본 냄새가 물씬 풍기는 일본전통의 숙박업소라 할 수 있습니다. 몇 대째 대를 이어 내려온 료칸도 많을 뿐더러 모두 일본식 전통 가옥에 다다미로 된 방, 그 지방의 특산물로 요리한 음식, 여행 피로를 풀 수 있는 온천 등이 마련되어 있습니다. 정성어린 만찬과 간소한 아침식사를 객실담당 메이드가 날라다 주며, 가격은 숙박료에 포함되어 있습니다.

Basic Expression

그건 식사가 나옵니까?

それは食事付(しょくじつ)きですか。

소레와 쇼꾸지 쓰끼데스까

아무튼 방을 보여 주세요.

とにかく部屋(へや)を見(み)せてください。

도니카꾸 헤야오 미세떼 구다사이

피곤해서 당장 샤워를 하고 싶은데요.

疲(つか)れたので早速(さっそく)シャワーを浴(あ)びたいんですが。

쓰까레따노데 삿소꾸 샤와-오 아비따인데스가

먼저 여관비를 지불할게요.

まず旅館代(りょかんだい)を払(はら)います。

마즈 료깐다이오 하라이마스

노천탕도 있습니까?

露天風呂(ろてんぶろ)もありますか。

로뗌부로모 아리마스까

식사는 마음에 드셨습니까?

お食事(しょくじ)はお気(き)に召(め)しましたか。

오쇼꾸지와 오키니 메시마시다까

A: 빈방이 있습니까?

B: 네, 있습니다. 혼자이십니까?

□ □ □

식당을 찾을 때

A: どんなお料理(りょうり)が好(す)きですか。

돈나 오료-리가 스끼데스까

어떤 요리를 좋아하십니까?

B: 日本料理(にほんりょうり)が食(た)べたいんです。

니혼료-리가 다베따인데스

일본요리를 먹고 싶은데요.

요즘은 맛집을 검색해서 스마트폰 지도를 통해 직접 찾아가서 음식의 맛을 즐기는 경우가 대부분입니다. 일본요리를 맛볼 수 있는 곳은 고급 레스토랑에서 저렴한 대중음식점에 이르기까지 다양하며, 일본의 대중식당의 경우 보통 바깥 쇼윈도우에 모형음식이 전시되어 있습니다. 일본요리는 우리와 거의 비슷한 재료를 사용해서 요리를 하지만, 대체로 맛이 달고 싱겁습니다.

Basic Expression

괜찮은 식당 좀 소개해 주시겠어요?

いいレストランを紹介(しょうかい)していただけますか。

이- 레스토랑오 쇼-까이시떼 이따다께마스까

별로 안 비싼 식당이 좋겠어요.

あまり高(たか)くないレストランがいいです。

아마리 다카꾸나이 레스토랑가 이-데스

이 주변에 한식점은 있나요?

この辺(あた)りに韓国料理(かんこくりょうり)の店(みせ)はありますか。

고노 아따리니 캉코꾸료-리노 미세와 아리마스까

식당이 많은 곳은 어느 주변인가요?

レストランの多(おお)いのはどの辺(あた)りですか。

레스토란노 오-이노와 도노 아따리데스까

이 시간에 문을 연 식당은 있나요?

この時間(じかん)開(あ)いているレストランはありますか。

고노 지깡 아이떼 이루 레스토랑와 아리마스까

우동집은 어디에 있는지 아세요?

うどん屋(や)はどこにあるかご存(ぞん)じですか。

우동야와 도꼬니 아루까 고존지데스까

☐ ☐ ☐

A: 어떤 요리를 좋아하십니까?

B: 일본요리를 먹고 싶은데요.

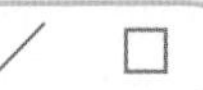

식당 예약

A: 今晩(こんばん)7時(じ)に5人分(にんぶん)予約(よやく)したいんですが。

곰방 시찌지니 고님붕 요야꾸시따인데스가

오늘밤 7시에 5인분을 예약하고 싶은데요.

B: あいにく今晩(こんばん)は満席(まんせき)です。

아이니꾸 곰방와 만세끼데스

유감스럽지만,
오늘밤은 자리가 다 찼습니다.

Check Point!

맛있는 먹거리는 빠뜨릴 수 없는 멋진 여행의 하나입니다. 간편하게 식사를 할 때는 숙박처에서 가까운 곳에 있는 식당을 찾아 들어가면 됩니다. 그러나 맛집으로 소문난 식당이나 대형 레스토랑 같은 곳은 항상 많은 사람들로 붐비므로 미리 예약을 하고 찾아가는 것이 아까운 시간을 버리지 않고 먹거리 여행을 할 수 있는 좋은 방법입니다.

Basic Expression

예약이 필요한가요?

予約(よやく)が必要(ひつよう)ですか。

요야꾸가 히쯔요-데스까

예약하지 않아도 식사할 수 있나요?

予約(よやく)しなくても食事(しょくじ)できますか。

요야꾸시나꾸떼모 쇼꾸지 데끼마스까

몇 분이십니까?

何人(なんにん)さまですか。

난닌사마데스까

오늘 예약을 내일로 변경할 수 있나요?

今日(きょう)の予約(よやく)をあしたに変更(へんこう)できますか。

쿄-노 요야꾸오 아시따니 헹꼬-데끼마스까

예약을 확인할 수 있나요?

予約(よやく)の確認(かくにん)ができますか。

요야꾸노 카꾸닝가 데끼마스까

예약을 취소하고 싶은데요.

予約(よやく)をキャンセルしたいんですが。

요야꾸오 칸세루시따인데스가

☐ ☐ ☐

A: 오늘밤 7시에 5인분을 예약하고 싶은데요.

B: 유감스럽지만, 오늘밤은 자리가 다 찼습니다.

자리에 앉을 때까지

A: こんばんは。二人(ふたり)ですが、席(せき)はありますか。

곰방와. 후따리데스가, 세끼와 아리마스까

안녕하세요. 두 사람인데요, 좌석은 있나요?

B: あいにく満席(まんせき)なのでお待(ま)ち願(ねが)うことになりますが。

아이니꾸 만세끼나논데 오마찌네가우 고또니 나리마스가

아쉽게도 자리가 다 차서 기다리셔야 되겠는데요.

Check Point!

여행 중에 찾아오는 공복을 해결하기 위해 원하는 식당을 찾아갔는데 자리가 다 찼거나 줄을 서서 기다리는 상황이라면 입구에서 기다렸다 종업원의 안내에 따라 자리에 앉으면 됩니다. 그렇지 않은 식당이라면 일단 들어가서 자리에 앉습니다. 참고로 일본은 입구 쪽에 비치된 식권판매기에서 식권을 구입해서 점원에게 전달해야 주문이 들어가는 식당이 많습니다.

어서 오십시오. 몇 분이십니까?

いらっしゃいませ。何人(なんにん)さまですか。

이랏샤이마세. 난닌사마데스까

3명이 앉을 자리는 있나요?

3人(にん)の席(せき)はありますか。

산닌노 세끼와 아리마스까

창가 자리로 주세요.

窓際(まどぎわ)の席(せき)をお願(ねが)いします。

마도기와노 세끼오 오네가이시마스

구석 자리가 좋겠는데요.

隅(すみ)の席(せき)がいいんですが。

스미노 세끼가 이인데스가

안내해 드릴 때까지 기다려 주십시오.

ご案内(あんない)するまでお待(ま)ちください。

고안나이스루마데 오마찌 쿠다사이

얼마나 기다려야 하죠?

どのくらい待(ま)たなければいけませんか。

도노 쿠라이 마따나께레바 이께마셍까

□ □ □

A: 안녕하세요. 두 사람인데요, 좌석은 있나요?

B: 아쉽게도 자리가 다 차서 기다리셔야 되겠는데요.

학습일 / □

주문할 때

A: 何(なに)がおすすめですか。

나니가 오스스메데스까

무얼 추천하시겠어요?

B: どんなものが食(た)べたいのですか。

돈나 모노가 다베따이노데스까

어떤 걸 드시고 싶으십니까?

Check Point!

말이 잘 통하지 않더라도 대부분의 식당이 메뉴와 함께 그 요리에 관한 사진이 있으므로 메뉴를 보면 그 요리 내용을 대충 알 수 있습니다. 메뉴를 보고 싶을 때는 종업원에게 メニューを見せてくれますか라고 합니다. 주문할 요리가 정해지면 메뉴를 가리키며 これをください라고 하면 일본어를 모르더라도 종업원은 금방 알아차리고 요리 주문을 받을 수 있습니다.

Basic Expression

메뉴를 보여 주세요.

メニューを見(み)せてください。

메뉴-오 미세떼 구다사이

한국어 메뉴는 있나요?

韓国語(かんこくご)のメニューはありますか。

캉코꾸고노 메뉴-와 아리마스까

주문받으세요.

注文(ちゅうもん)をしたいのですが。

츄-몽오 시따이노데스가

이것과 이것을 주세요.

これとこれをお願(ねが)いします。

고레또 고레오 오네가이시마스

나도 같은 걸로 주세요.

わたしにも同(おな)じ物(もの)をお願(ねが)いします。

와따시니모 오나지모노오 오네가이시마스

저것과 같은 요리를 주세요.

あれと同(おな)じ料理(りょうり)をください。

아레또 오나지 료-리오 구다사이

A: 무얼 추천하시겠어요?

B: 어떤 걸 드시고 싶으십니까?

□ □ □

주문에 문제가 있을 때

A: 注文(ちゅうもん)したものがまだ来(こ)ないのですが。

추-몬시따 모노가 마다 고나이노데스가

주문한 게 아직 안 나왔는데요.

B: いつご注文(ちゅうもん)なさいましたか。

이쯔 고츄-몬 나사이마시다까

언제 주문하셨습니까?

많은 사람들로 식당이 붐빌 때는 가끔 종업원들로 헷갈리는 경우가 있습니다. 예를 들어 한참 기다려도 요리가 나오지 않을 때는 注文したものがまだ来ないのですが라고 해보십시오. 또한 주문하지도 않은 요리가 나왔을 때는 注文したものと違います, 주문하지 않은 음식이 나왔을 때는 これは注文していませんが라고 말하면 됩니다.

요리가 아직 안 나왔는데요.

料理(りょうり)がまだ来(き)ません。

료-리가 마다 기마셍

주문한 것과 다른데요.

注文(ちゅうもん)したものと違(ちが)います。

츄-몬시따 모노또 치가이마스

이건 주문하지 않았는데요.

これは注文(ちゅうもん)していませんが。

고레와 츄-몬시떼 이마셍가

제가 주문한 건 어떻게 됐나요?

わたしの注文(ちゅうもん)したのはどうなっていますか。

와따시노 츄-몬시따노와 도-낫떼 이마스까

빨리 해 주세요.

早(はや)くしてください。

하야꾸 시떼 구다사이

주문한 요리는 언제 되나요?

注文(ちゅうもん)した料理(りょうり)はいつできますか。

츄-몬시따 료-리와 이쯔 데끼마스까

□ □ □

A: 주문한 게 아직 안 나왔는데요.

B: 언제 주문하셨습니까?

식당에서의 트러블

A: ちょっと火(ひ)が通(とお)っていないようですが。

촛또 히가 도옷떼 이나이요-데스가

좀 덜 익은 것 같은데요.

B: 作(つく)り直(なお)してまいります。

쓰꾸리나오시떼 마이리마스

다시 만들어 가져오겠습니다.

식사를 하면서 옆 자리가 시끄럽다거나 불편하면 席に替えてもらえませんか라고 종업원에게 요청해서 편한 곳에서 식사를 하도록 합시다. 만약 젓가락이나 컵 등을 다른 것으로 바꿔달라고 할 때는 ~を取り替えてください라고 말해봅시다. 또한 주문한 요리가 맛이 없거나 너무 많으면 ~て食べられません라고 당당하게 말하면 됩니다.

Basic Expression

좀 더 조용한 자리로 바꿔 주시겠어요?

もっと静(しず)かな席(せき)に替(か)えてもらえませんか。

못또 시즈까나 세끼니 가에떼 모라에마셍까

이 요리에 머리카락이 들어 있어요.

この料理(りょうり)に髪(かみ)の毛(け)が入(はい)ってますよ。

고노 료-리니 가미노께가 하잇떼 마스요

약간 덜 익은 것 같은데요.

ちょっと火(ひ)が通(とお)ってないようですが。

촛또 히가 도옷떼 나이 요-데스가

이 스테이크는 너무 구웠네요.

このステーキは焼(や)きすぎです。

고노 스테-키와 야끼스기데스

글라스가 더럽네요. 바꿔주세요.

グラスが汚(よご)れています。取(と)り替(か)えてください。

그라스가 요고레떼 이마스. 도리까에떼 구다사이

너무 많아서 다 먹을 수 없습니다.

ちょっと多(おお)すぎて食(た)べられません。

촛또 오-스기떼 다베라레마셍

A: 좀 덜 익은 것 같은데요.

B: 다시 만들어 가져오겠습니다.

□ □ □

Unit 27 식사

식사를 하면서

A: はしを落(おと)してしまいましたが。

하시오 오또시떼 시마이마시따가

젓가락을 떨어뜨렸는데요.

B: 新(あたら)しいものを持(も)ってまいります。

아따라시- 모노오 못떼 마이리마스

새 것으로 갖다 드리겠습니다.

일본 식당에서는 식사할 때 숟가락을 쓰지 않습니다. 특히 국은 그릇을 왼손으로 들고, 오른손 젓가락으로 가볍게 저어가며 마시며, 된장국이나 우동 등의 국물을 먹을 때 약간 소리를 내어서 먹는 것이 어느 정도 허용됩니다. 종업원의 도움이 필요할 때는 すみません이라는 말로 부르면 됩니다. 또한 추가로 요리를 부탁할 때는 ~のおかわりをください라고 합니다.

간장을 갖다 주세요.

醤油(しょうゆ)を取(と)ってください。

쇼-유오 돗떼 구다사이

밥 하나 더 주세요.

ご飯(はん)のおかわりをください。

고한노 오까와리오 구다사이

좀더 구워 주세요.

もう少(すこ)し焼(や)いてください。

모- 스꼬시 야이떼 구다사이

테이블을 치워 주세요.

テーブルを片付(かたづ)けてください。

테-부루오 가따즈케떼 구다사이

이 요리는 먹지 않았습니다.

この料理(りょうり)は食(た)べていません。

고노 료-리와 다베떼 이마셍

가져가도 됩니까?

持(も)ち帰(かえ)ってもいいですか。

모찌카엣떼모 이-데스까

A: 젓가락을 떨어뜨렸는데요.

B: 새 것으로 갖다 드리겠습니다.

☐ ☐ ☐

Unit 28 식사

음식맛의 표현

A: 味(あじ)はどうですか。

아지와 도-데스까

맛은 어때요?

B: ちょっと薄味(うすあじ)ですね。

춋또 우스아지데스네

좀 싱겁군요.

음식맛을 물을 때는 味はどうですか라고 합니다. 만약 음식이 맛있다면 おいしいです라고 하며며, 남자들은 보통うまいです라고 합니다. 반대로 맛이 없을 때는 まずいです나 부정표현인 おいしくないです라고 하면 됩니다. 나온 음식이 입맛에 맞을 때는 口に合います, 입맛에 맞이 않을 때는 口に合わないです라고 말하면 됩니다.

이거 정말 맛있군요.

これ、とてもおいしいですね。

고레, 도떼모 오이시-데스네

맛이 없군요.

まずいですね。

마즈이데스네

이 된장국은 짜군요.

この味噌汁(みそしる)はしょっぱいですね。

고노 미소시루와 쇼빠이데스네

너무 달군요.

甘(あま)すぎますね。

아마스기마스네

이건 좀 맵군요.

これはちょっと辛(から)いですね。

고레와 춋또 카라이데스네

이건 별로 입에 맞지 않군요.

これはあまり口(くち)に合(あ)わないですね。

고레와 아마리 구찌니 아와나이데스네

A: 맛은 어때요?

B: 좀 싱겁군요.

□ □ □

식사

식당에서의 계산

A: こちらがお勘定(かんじょう)となっております。

고찌라가 오칸죠-또 낫떼 오리마스

계산서는 여기 있습니다.

B: テーブルで支払(しはら)いできますか。

테-부루데 시하라이 데끼마스까

테이블에서 지불해도 되나요?

Check Point!

드디어 식사가 끝나면 손을 들어서 すみません라고 종업원을 불러 お勘定をお願いします라고 계산서를 부탁하거나, 자리에서 지불이 가능한지를 물을 때는 ここで払えますか라고 합니다. 또한 자신이 전부 계산할 때는 わたしがまとめて払います, 신용카드로 계산을 하고 싶을 때는 クレジットカードで支払えますか라고 하면 됩니다.

Basic Expression

계산해주세요.

お勘定(かんじょう)をお願(ねが)いします。

오칸죠-오 오네가이시마스

여기서 계산하나요?

ここで払(はら)えますか。

고꼬데 하라에마스까

계산을 따로따로 하고 싶은데요.

勘定(かんじょう)を別々(べつべつ)に払(はら)いたいんですが。

칸죠-오 베쯔베쯔니 하라이따인데스가

제가 전부 내겠습니다.

わたしがまとめて払(はら)います。

와따시가 마또메떼 하라이마스

여기는 선불인가요?

ここは前払(まえばら)いですか。

고꼬와 마에바라이데스까

이 요금은 뭡니까?

この料金(りょうきん)は何(なん)ですか。

고노 료-낑와 난데스까

A: 계산서는 여기 있습니다.

B: 테이블에서 지불해도 되나요?

□ □ □

학습일 /

음료와 술을 마실 때

A: もう少(すこ)しビールをいかがですか。

모- 스꼬시 비-루오 이까가데스까

맥주 좀 더 마실래요?

B: ありがとう。

아리가또-

고마워요.

일본인은 맥주(ビール), 청주(日本酒), 소주(焼酎), 위스키(ウイスキー), 와인(ワイン), 칵테일(カクテル) 등 여러 가지 술을 마십니다. 소비량이 가장 많은 것은 맥주로 전체 주류의 70%를 차지합니다. 술집은 클럽(クラブ), 바(バー), 스낵바(スナックバー), 팝(パブ), 선술집(いざかや), 카페 바(カフェバ), 비어홀(ビアホール) 등이 있습니다.

커피를 마실까요?

コーヒーを飲(の)みましょうか。

코-히-오 노미마쇼-까

어디서 한 잔 할까요?

どこかで一杯(いっぱい)やりましょうか。

도꼬까데 입빠이 야리마쇼-까

건배!

乾杯(かんぱい)!

감빠이

술이 상당히 세 보이네요.

お酒(さけ)がなかなか強(つよ)そうですね。

오사께가 나까나까 쓰요소-데스네

저는 별로 못 마셔요.

わたしはあまり飲(の)めないんですよ。

와따시와 아마리 노메나인데스요

잠깐 술을 깰게요.

ちょっと酔(よ)いをさますよ。

촛또 요이오 사마스요

□ □ □

A: 맥주 좀 더 마실래요?

B: 고마워요.

길을 묻거나 알려줄 때

A: わたしは、この地図(ちず)のどこにいるのですか。

와따시와, 고노 치즈노 도꼬니 이루노데스까

저는 이 지도의 어디에 있죠?

B: いま、ここにいるのです。

이마, 고꼬니 이루노데스

지금 여기에 있습니다.

Check Point!

현지 여행을 할 때 길을 잘 모르기 때문에 헤메는 경우가 종종 있습니다. 요즘은 스마트폰으로 목적지를 찾아서 가는 경우가 많지만 그래도 현지인의 도움이 필요할 때가 있습니다. 일본인 여행객이 길을 물어올 때는 당황하지 말고 다음 표현을 잘 익혀두어 자신 있게 대처하도록 합시다. 만약 길을 알고 있으면 거기까지 데리고 가는 것이 가장 확실한 방법입니다.

Basic Expression

길을 잃었는데요.

道(みち)に迷(まよ)ったんですが。

미찌니 마욧딴데스가

여기는 어디죠?

ここはどこですか。

고꼬와 도꼬데스까

저는 이 지도 어디에 있죠?

わたしは、この地図(ちず)のどこにいるのですか。

와따시와, 고노 치즈노 도꼬니 이루노데스까

역은 어떻게 가면 좋을까요?

駅(えき)へはどう行(い)ったらいいですか。

에끼에와 도- 잇따라 이-데스까

미안합니다. 잘 모르겠어요.

すみません。よくわかりません。

스미마셍. 요꾸 와까리마셍

저도 여기는 처음이에요.

わたしもここははじめてです。

와따시모 고꼬와 하지메떼데스

☐☐☐

A: 저는 이 지도의 어디에 있죠?

B: 지금 여기에 있습니다.

택시를 탈 때

A: タクシーを呼(よ)んでもらえますか。

타쿠시-오 욘데 모라에마스까

택시를 불러 주시겠어요?

B: 少(すこ)し時間(じかん)がかかりますよ。

스꼬시 지깡가 가까리마스요

시간이 좀 걸립니다.

Check Point!

표시등에 빨간색 글자로 空車라고 쓰여 있는 택시는 탈 수 있으며, 왼쪽 뒷문을 자동으로 열어주면 승차합니다. 운전기사에게 행선지를 ~までお願いします(~까지 가주세요)라고 기사에게 말하고, 목적지를 잘 모를 때는 주소를 보이며 この住所までお願いします(이 주소로 가주세요)라고 말한 다음 내릴 때 요금을 지불하면 됩니다. 물론 신용카드 지불도 가능합니다.

택시를 불러 주세요.

タクシーを呼(よ)んでください。

타꾸시-오 욘데 구다사이

택시승강장은 어디에 있어요?

タクシー乗(の)り場(ば)はどこですか。

타꾸시-노리바와 도꼬데스까

트렁크를 열어 주세요.

トランクを開(あ)けてください。

토랑쿠오 아케떼 구다사이

이리 가 주세요.

ここへ行(い)ってください。

고꼬에 잇떼 구다사이

공항까지 가 주세요.

空港(くうこう)までお願(ねが)いします。

쿠-꼬-마데 오네가이 시마스

여기서 세워 주세요.

ここで止(と)めてください。

고꼬데 도메떼 구다사이

□ □ □

A: 택시를 불러 주시겠어요?

B: 시간이 좀 걸립니다.

교통

버스를 탈 때

A: バスの運賃(うんちん)はいくらですか。

바스노 운찡와 이꾸라데스까

버스 요금은 얼마죠?

B: 300円(えん)です。

삼뱌꾸엔데스

300엔입니다.

일본의 버스 요금은 전 노선이 균일한 데도 있고, 거리에 따라서 요금이 가산되는 곳도 있습니다. 요즘은 전자식 IC카드를 이용 가능하며, 탑승구 오른쪽에 장착된 단말기에 터치한 후 내릴 때 운전사 옆에 장착된 단말기를 터치하면 자동으로 요금이 정산되므로, 이동 거리에 따라 요금이 달라지는 일본에서는 현금보다는 카드를 사용하는 것이 편리합니다.

버스정류장은 어디에 있어요?

バス停(てい)はどこにありますか。

바스떼-와 도꼬니 아리마스까

여기 버스정류장에서 내리면 돼요?

ここのバス停(てい)で降(お)りればいいですか。

고꼬노 바스떼-데 오리레바 이-데스까

이 버스는 공원까지 가나요?

このバスは公園(こうえん)まで行(い)きますか。

고노 바스와 코-엠마데 이끼마스까

저기요. 이 자리는 비어 있어요?

すみません、この席(せき)は空(あ)いていますか。

스미마셍, 고노 세끼와 아이떼 이마스까

여기요, 내릴게요.

すみません、降(お)ります。

스미마셍, 오리마스

버스터미널은 어디에 있어요?

バスターミナルはどこにありますか。

바스 타-미나루와 도꼬니 아리마스까

□ □ □

A: 버스 요금은 얼마죠?

B: 300엔입니다.

전철・지하철을 탈 때

A: この電車(でんしゃ)に乗(の)ればいいのですか。

고노 덴샤니 노레바 이-노데스까

이 전철을 타면 되죠?

B: いいえ、JRに乗(の)ってください。

이-에, 제이아루니 놋떼 구다사이

아뇨, JR을 타세요.

교통수단을 이용할 때는 우선 노선도를 구하도록 합시다. 전철이나 지하철 노선도는 어느 역에서나 무료로 얻을 수가 있습니다. 전철이나 지하철을 탈 경우에는 먼저 표를 자동판매기로 구입합니다. 보통 판매기 위쪽에 노선도가 걸려 있기 때문에 역의 이름과 요금을 알 수 있습니다. 목적지까지의 표를 구입한 다음에 개찰구 통과하여 탑승하면 됩니다.

Basic Expression

가장 가까운 역은 어디인가요?

もよりの駅(えき)はどこですか。

모요리노 에끼와 도꼬데스까

지하철의 노선도는 없나요?

地下鉄(ちかてつ)の路線図(ろせんず)はありませんか。

치카테쯔노 로센즈와 아리마셍까

이 전철을 타면 되나요?

この電車(でんしゃ)に乗(の)ればいいですか。

도노 덴샤니 노레바 이-노데스까

이 역은 급행전철이 서나요?

この駅(えき)は急行電車(きゅうこうでんしゃ)は止(と)まりますか。

고노 에끼와 큐-꼬-덴샤와 도마리마스까

마지막 전철은 몇 시인가요?

終電(しゅうでん)は何時(なんじ)ですか。

슈-뎅와 난지데스까

어디서 갈아타나요?

どの駅(えき)で乗(の)り換(か)えるのですか。

도노 에끼데 노리까에루노데스까

☐ ☐ ☐

A: 이 전철을 타면 되죠?

B: 아뇨, JR을 타세요.

열차를 탈 때

A: すみません、切符売り場(きっぷうりば)はどこですか。

스미마셍, 깁뿌우리바와 도꼬데스까

미안합니다, 매표소는 어디에 있어요?

B: この通路(つうろ)にそって行(い)くと右(みぎ)にあります。

고노 쓰-로니 솟떼 이꾸또 미기니 아리마스

이 통로를 따라가면 오른쪽에 있어요.

일본의 철도는 시간이 정확한 것과 안전성이 높기로 유명합니다. 최대 규모의 JR(일본철도) 그룹은 국내 전역의 그물망같은 노선망을 정비하고 있습니다. 열차표의 요금은 거리에 따라 다르며, 특급, 급행 등의 운행 형태나 좌석 형태에 따라서도 추가요금이 별도로 필요합니다. 열차표는 역 구내의 창구(みどりの窓口)나 각 역에 설치된 자동판매기에서 구입이 가능합니다.

Basic Expression

매표소는 어디에 있어요?

切符(きっぷ)売(う)り場(ば)はどこですか。

깁뿌우리바와 도꼬데스까

도쿄까지 편도를 주세요.

東京(とうきょう)までの片道切符(かたみちきっぷ)をください。

토-꾜-마데노 카따미찌 깁뿌오 구다사이

더 이른 열차는 없어요?

もっと早(はや)い列車(れっしゃ)はありませんか。

못또 하야이 렛샤와 아리마셍까

이건 교토행인가요?

これは京都(きょうと)行(ゆ)きですか。

고레와 쿄-또유끼데스까

중간에 내릴 수 있어요?

途中(とちゅう)で下車(げしゃ)はできますか。

도쮸-데 게샤와 데끼마스까

열차를 놓치고 말았어요.

列車(れっしゃ)に乗(の)り遅(おく)れてしまいました。

렛샤니 노리오꾸레떼 시마이마시다

A: 미안합니다, 매표소는 어디에 있어요?

B: 이 통로를 따라가면 오른쪽에 있어요.

☐ ☐ ☐

비행기를 탈 때

A: 出発時刻(しゅっぱつじこく)を確認(かくにん)したいのですが。

숍빠쯔 지코꾸오 카꾸닌시따이노데스가

출발시각을 확인하고 싶은데요.

B: お名前(なまえ)と便名(びんめい)をどうぞ。

오나마에또 빔메-오 도-조

성함과 편명을 말씀하십시오.

일본은 철도 노선이 발달되어 있기 때문에 일본 국내에서 이동은 비행기보다는 신칸센 등 철도를 이용하는 게 편리할 수도 있습니다. 하지만 일본항공(JAL), 전일공(ANA)을 비롯한 여러 항공사가 일본 전역에 걸쳐 광범위하게 노선을 운항하고 있습니다. 일정이 바쁜 여행자 혹은 신칸센이 운행되지 않는 지역으로 갈 때에는 국내선 이용이 편리합니다.

Basic Expression

비행기 예약을 부탁할게요.

よ やく　　ねが
フライトの予約をお願いします。

후라이토노 요야꾸오 오네가이시마스

지금 체크인할 수 있어요?

いま
今チェックインできますか。

이마 첵쿠인 데끼마스까

이 짐은 기내로 가져 갈 거예요.

にもつ　きない も
この荷物は機内持ちこみです。

고노 니모쯔와 기나이 모찌꼬미데스

이 짐을 맡길게요.

にもつ
この荷物をあずけます。

고노 니모쯔오 아즈께마스

탑승은 시작되었어요?

とうじょう　はじ
搭乗は始まっていますか。

토-죠-와 하지맛떼 이마스까

몇 번 출구로 가면 되죠?

なんばん　い
何番ゲートに行けばいいのですか。

남방 게-토니 이께바 이-노데스까

□ □ □

A: 출발시각을 확인하고 싶은데요.

B: 성함과 편명을 말씀하십시오.

학습일 /

렌터카

A: 車種(しゃしゅ)は何(なに)がいいですか。

샤슈와 나니가 이-데스까

차종은 뭐가 좋을까요?

B: 安(やす)くて運転(うんてん)しやすい車(くるま)がいいですね。

야스꾸떼 운뗀시야스이 구루마가 이-데스네

싸고 운전하기 쉬운 차가 좋겠군요.

Check Point!

일본은 도쿄나 오사카, 나고야 같은 대도시는 대중교통이 발달하여 차를 빌려 관광할 일은 많지 않지만, 대도시를 벗어나면 대중교통이 많이 불편합니다. 렌터카를 빌릴 때는 여권과 국제면허증이 필요합니다. 만일을 대비하여 보험도 잊지 말고 꼭 들어둡시다. 관광시즌에는 한국에서 출발하기 전에 미리 렌터카 회사에 예약을 해두는 게 좋습니다.

Basic Expression

렌터카를 빌리고 싶은데요.

か
レンタカーを借りたいんですが。

렌타카-오 가리따인데스가

렌터카 목록을 보여 주세요.

み
レンタカーリストを見せてください。

렌타카- 리스토오 미세떼 구다사이

차종은 뭐가 좋을까요?

しゃしゅ　なに
車種は何がいいですか。

샤슈와 나니가 이-데스까

요금은 어떻게 됩니까?

りょうきん
料金はどうなっていますか。

료-낑와 도- 낫떼 이마스까

도로지도를 주시겠어요?

どうろちず
道路地図をいただけますか。

도-로치즈오 이따다께마스까

운전면허증을 보여주시겠어요?

うんてんめんきょしょう　み
運転免許証を見せてくださいませんか。

운뗌멩꾜쇼-오 미세떼 구다사이마셍까

A: 차종은 뭐가 좋을까요?

B: 싸고 운전하기 쉬운 차가 좋겠군요.

□ □ □

자동차를 운전할 때

A: さあ、駅(えき)まで乗(の)せてあげますよ。

사-, 에끼마데 노세떼 아게마스

자, 역까지 태워드릴게요.

B: ええ、乗(の)せていただけると助(たす)かります。

에-, 노세떼 이따다께루또 다스까리마스

네, 태워주시면 도움이 되겠습니다.

Check Point!

주요 도로의 대부분은 일본어와 영어 표지판을 사용하며 지방의 소도시에서는 표지판이 많지 않은 경우가 있습니다. 주요 도시 이외의 지역에서 운전을 계획한다면 출발 전에 신뢰할 수 있는 지도 맵, 네비게이션을 준비하는 것이 좋습니다. 렌터카를 이용하고 싶은 경우는 사전에 예약하는 것이 좋으며, 참고로 일본에서는 차는 좌측통행이며 고속도로는 유료입니다.

Basic Expression

여기에 주차해도 될까요?

ここに駐車(ちゅうしゃ)してもいいですか。

고꼬니 츄-샤시떼모 이-데스까

이 근처에 주유소가 있어요?

この近(ちか)くにガソリンスタンドはありますか。

고노 치카꾸니 가소린스탄도와 아리마스까

가득 넣어 주세요.

満(まん)タンにしてください。

만딴니 시떼 구다사이

타이어가 펑크 났어요.

タイヤがパンクしました。

타이야가 팡쿠시마시다

다음 휴게소에서 밥을 먹읍시다.

次(つぎ)のサービスエリアでご飯(はん)を食(た)べましょう。

쓰기노 사-비스에리아데 고항오 다베마쇼-

차를 반환할게요.

車(くるま)を返(かえ)します。

구루마오 가에시마스

A: 자, 역까지 태워드릴게요.

B: 네, 태워주시면 도움이 되겠습니다.

□ □ □

교통사고가 났을 때

A: 助(たす)けて！ 事故(じこ)ですよ！

다스께떼! 지꼬데스요

도와줘요! 사고예요!

B: 大丈夫(だいじょうぶ)ですか。お怪我(けが)はありませんか。

다이죠-부데스까. 오케가와 아리마셍까

괜찮아요? 다친 데는 없나요?

사고는 일어나기 전에 미리 대비하고 예방하는 것이 가장 중요합니다. 만약 교통사고가 일어나면 먼저 경찰에게 알리고 보험회사, 렌터카 회사에 연락을 취합니다. 사고 당사자가 먼저 사죄를 하면 잘못을 인정하는 꼴이 되므로 당황하지 말고 신중하게 대처해야 합니다. 그리고 사고에 대한 보험을 청구하기 위해서는 사고증명서를 반드시 받아두어야 합니다.

Basic Expression

교통사고예요!

交通事故(こうつうじこ)ですよ!

고-쓰-지꼬데스요

구급차를 불러 주세요.

救急車(きゅうきゅうしゃ)を呼(よ)んでください。

큐-뀨-샤오 욘데 구다사이

도와줘요! 사고예요!

助(たす)けて! 事故(じこ)ですよ!

다스케떼! 지꼬데스요

경찰을 불러 주세요.

警察(けいさつ)を呼(よ)んでください。

케-사쯔오 욘데 구다사이

저에게는 과실이 없어요.

わたしのほうには過失(かしつ)はありません。

와따시노 호-니와 카시쯔와 아리마셍

이 사고는 제 탓입니다.

この事故(じこ)はわたしのせいです。

고노 지꼬와 와따시노 세-데스

A: 도와줘요! 사고예요!

B: 괜찮아요? 다친 데는 없나요?

위급한 상황일 때

A: 緊急(きんきゅう)です!

깅뀨-데스

위급해요!

B: 何(なに)が起(お)こったんですか。

나니가 오꼿딴데스까

무슨 일이 일어났어요?

그 자리의 분위기나 상대에게 신경을 쓴 나머지 자신도 모르게 그만 웃으며 승낙을 하는 경우가 있으므로 결코 알았다는 행동을 취하지 말고 적극적으로 물어봅시다. 또한 순식간에 난처한 상황이나 위급한 상황이 발생했을 때는 입이 얼어 아무 말도 나오지 않는 법입니다. 만약을 대비해서 상대를 제지할 수 있는 최소한의 표현은 반드시 기억해둡시다.

Basic Expression

위험해요!

危(あぶ)ないです!

아부나이데스

다가오지 말아요!

近(ちか)づかないでください!

치까즈까나이데 구다사이

위급해요!

緊急(きんきゅう)です!

깅뀨-데스

도와주세요!

助(たす)けてください!

다스께떼 구다사이

누구 좀 와 주세요!

だれか来(き)てください!

다레까 기떼 구다사이

그만두세요!

やめてください!

야메떼 구다사이

A: 위급해요!

B: 무슨 일이 일어났어요?

□ □ □

관광안내소에서

A: 日帰(ひがえ)りではどこへ行けますか。

히가에리데와 도꼬에 이께마스까

당일치기로는 어디에 갈 수 있죠?

B: そうですね。日帰(ひがえ)りならここがいいですね。

소-데스네. 히가에리나라 고꼬가 이-데스네

글쎄요. 당일치기라면 여기가 좋겠군요.

단체여행인 경우는 현지 가이드의 안내에 따라 관광을 하면 되지만, 개인여행인 경우는 현지의 観光案内所를 잘 활용하는 것도 즐거운 여행이 되는 하나의 방법입니다. 관광안내소는 대부분이 시내의 중심부에 있으며 볼거리 소개부터 버스 예약까지 여러 가지 서비스를 하고 있습니다. 무료 시내지도, 지하철 노선도 등이 구비되어 있으므로 정보수집에 매우 편리합니다.

관광안내소는 어디에 있어요?

かんこうあんないじょ
観光案内所はどこですか。
캉꼬-안나이죠와 도꼬데스까

관광 팸플릿을 주세요.

かんこう
観光パンフレットをください。
캉꼬- 팡후렛토오 구다사이

여기서 볼 만한 곳을 알려 주세요.

み　おし
ここの見どころを教えてください。
고꼬노 미도꼬로오 오시에떼 구다사이

지금 인기가 있는 관광지는 어디죠?

いま にんき かんこう
今人気のある観光スポットはどこですか。
이마 닝끼노 아루 캉꼬- 스폿토와 도꼬데스까

뭔가 축제는 하고 있나요?

なに まつ
何かお祭りはやっていますか。
나니까 오마쯔리와 얏떼 이마스까

여기서 입장권을 살 수 있나요?

にゅうじょうけん か
ここで入場券が買えますか。
고꼬데 뉴-죠-껭가 가에마스까

A: 당일치기로는 어디에 갈 수 있죠?

B: 글쎄요. 당일치기라면 여기가 좋겠군요.

□ □ □

관광

관광버스·투어를 이용할 때

A: 出発(しゅっぱつ)は何時(なんじ)ですか。

숍빠쯔와 난지데스까

출발은 몇 시인가요?

B: 午前(ごぜん)9時(じ)までにお乗(の)りください。

고젱 쿠지마데니 오노리쿠다사이

오전 9시까지 타십시오.

패키지 여행으로 단체관광을 할 경우에는 준비된 버스를 이용하여 관광을 하기 때문에 큰 불편은 없지만, 단독으로 여행을 할 때는 관광안내소 등에서 투어를 소개받아야 합니다. 관광버스에는 일본어 안내원이 동행하여 그 지역 유명 관광지를 순환하는 정기 관광버스가 있습니다. 대부분 기차역 주변에서 출발하여 3시간, 반나절, 하루코스 등이 있습니다.

어떤 종류의 투어가 있나요?

どんな種類(しゅるい)のツアーがありますか。

돈나 슈루이노 쓰아-가 아리마스까

투어 팜플렛을 주세요.

ツアーのパンフレットをください。

쓰아-노 팡후렛토오 구다사이

시내 투어는 있나요?

市内(しない)のツアーはありますか。

시나이노 쓰아-와 아리마스까

야간관광은 있나요?

ナイトツアーはありますか。

나이토쓰아-와 아리마스까

당일치기할 수 있는 곳이 좋겠는데요.

日帰(ひがえ)りできるところがいいんですが。

히가에리 데끼루 도꼬로가 이인데스가

투어는 몇 시간 걸립니까?

ツアーは何時間(なんじかん)かかりますか。

쓰아-와 난지깡 가까리마스까

A: 출발은 몇 시인가요?

B: 오전 9시까지 타십시오.

☐ ☐ ☐

관광지에서

A: あの建物(たてもの)は何(なん)ですか。

아노 다떼모노와 난데스까

저 건물은 무엇이죠?

B: あれはとても有名(ゆうめい)なお店(みせ)です。

아레와 도떼모 유-메-나 오미세데스

저건 매우 유명한 가게입니다.

일본은 화산, 해안 등 경관이 뛰어나고 온천이 많아서 자연적인 관광자원과 교토, 나라, 가마쿠라 및 도쿄 등 옛 정치중심지에는 역사적인 관광자원이 풍부합니다. 또한 도쿄, 오사카, 나고야 등 대도시에서는 고층건물과 번화가, 공원, 박물관, 미술관 등 경제대국으로서의 일본의 도시적인 관광자원을 다양하게 접할 수 있습니다.

저것은 무엇이죠?

あれは何(なん)ですか。

아레와 난데스까

저 건물은 무엇이죠?

あの建物(たてもの)は何(なん)ですか。

아노 다떼모노와 난데스까

저건 뭐라고 하죠?

あれは何(なん)と言(い)いますか。

아레와 난또 이-마스까

정말로 경치가 멋지군요.

ほんとうに景色(けしき)がすばらしいですね。

혼또-니 케시끼가 스바라시데스네

여기서 얼마나 머물죠?

ここでどのくらい止(と)まりますか。

고꼬데 도노쿠라이 도마리마스까

몇 시에 버스로 돌아오면 되죠?

何時(なんじ)にバスに戻(もど)ってくればいいですか。

난지니 바스니 모돗떼 구레바 이-데스까

A: 저 건물은 무엇이죠?

B: 저건 매우 유명한 가게입니다.

□ □ □

관람할 때

A: チケットを予約(よやく)したいのですが。

치켓토오 요야꾸시따이노데스가

티켓을 예약하고 싶은데요.

B: 今(いま)は、立(た)ち見席(みせき)しかありません。

이마와, 다찌미세끼시까 아리마셍

지금은 입석밖에 없습니다.

Check Point!

잘 알려진 일본의 유명한 관광지는 비슷비슷한 곳이거나 사람들이 너무 많아 일본의 정취를 느끼기 힘든 것도 사실입니다. 이런 분들은 역사박물관이나 미술관을 관람하세요. 그밖에 취미생활을 살릴 수 있는 인형, 완구박물관이 있으며, 과학, 철도 등 이색 박물관이 곳곳에 산재해 있으므로 여행을 떠나기 전에 미리 알아두면 보다 알찬 여행을 즐길 수 있습니다.

입장은 유료인가요, 무료인가요?

入場(にゅうじょう)は有料(ゆうりょう)ですか、無料(むりょう)ですか。

뉴-죠-와 유-료-데스까, 무료-데스까

입장료는 얼마죠?

入場料(にゅうじょうりょう)はいくらですか。

뉴-죠-료-와 이꾸라데스까

단체할인은 없나요?

団体割引(だんたいわりびき)はありませんか。

단따이 와리비끼와 아리마셍까

이걸로 모든 전시를 볼 수 있어요?

これですべての展示(てんじ)が見(み)られますか。

고레데 스베떼노 텐지가 미라레마스까

전시 팸플릿은 있어요?

展示(てんじ)のパンフレットはありますか。

텐지노 팡후렛토와 아리마스까

재입관할 수 있어요?

再入館(さいにゅうかん)できますか。

사이뉴-깐 데끼마스까

A: 티켓을 예약하고 싶은데요.

B: 지금은 입석밖에 없습니다.

☐ ☐ ☐

학습일 ／ □

사진을 찍을 때

A: 写真(しゃしん)を撮(と)ってもいいですか。

샤싱오 돗떼모 이-데스까

사진을 찍어도 될까요?

B: はい。ぜひ撮(と)ってください。

하이. 제히 돗떼 구다사이

예, 자 찍으세요.

Check Point!

사진을 촬영하려면 상대에게 写真を撮ってもいいですか라고 먼저 허락을 받고 찍으면 문제가 되지 않지만, 허락없이 멋대로 촬영하면 누구라도 불쾌해 할 것입니다. 요즘 여행객들은 스마트폰으로 쉽게 사진 촬영을 할 수 있기 때문에 함부로 사진을 찍는 경향이 있습니다. 관광지에서 사진을 촬영하기 전에는 금지구역인지를 알아볼 필요가 있습니다.

Basic Expression

사진 좀 찍어 주시겠어요?

写真(しゃしん)を撮(と)ってもらえませんか。

샤싱오 돗떼 모라에마셍까

여기서 사진을 찍어도 될까요?

ここで写真(しゃしん)を撮(と)ってもいいですか。

고꼬데 샤싱오 돗떼모 이-데스까

여기에서 우리들을 찍어 주세요.

ここからわたしたちを写(うつ)してください。

고꼬까라 와따시타찌오 우쯔시떼 구다사이

자, 김치.

はい、チーズ。

하이, 치-즈

여러 분, 찍을게요.

みなさん、写(うつ)しますよ。

미나상, 우쯔시마스요

한 장 더 부탁할게요.

もう一枚(いちまい)お願(ねが)いします。

모- 이찌마이 오네가이시마스

☐ ☐ ☐

A: 사진을 찍어도 될까요?

B: 예, 자 찍으세요.

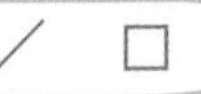

파친코에서

A: ここでやってもいいですか。

고꼬데 얏떼모 이-데스까

여기서 해도 됩니까?

B: はい、もちろんいいですよ。

하이, 모찌론 이-데스요

네, 물론 되죠.

Check Point!

일본에서 파칭코만큼 대중에게 사랑받고 깊은 인기를 얻고 있는 레저는 없습니다. 어려운 기술도 필요 없고 시간 제약도 없는데다가 용돈 정도로 즐길 수 있고 잘하면 경품까지 챙길 수가 있기 때문입니다. 파친코는 먼저 화려한 가게에 들어가면 정해진 기계에서 쇠구슬을 구멍에 넣어 점수를 얻는 게임으로 일본에서는 지금 이 시간에도 많은 사람들이 자리를 지키고 있습니다.

Basic Expression

파친코에 가보지 않겠어요?

パチンコ屋(や)へ行(い)ってみませんか。

파찡꼬야에 잇떼 미마셍까

좋은 파친코를 소개해 주세요.

いいパチンコ屋(や)を紹介(しょうかい)してください。

이- 파칭꼬야오 쇼-까이시떼 구다사이

여기에 걸게요.

これにかけます。

고레니 가께마스

구슬을 돌릴게요.

玉(たま)を回(まわ)します。

다마오 마와시마스

잠깐 쉴게요.

ちょっと休(やす)みます。

춋또 야스미마스

이겼어요.

勝(か)ちました。

가찌마시다

A: 여기서 해도 됩니까?

B: 네, 물론 되죠.

□ □ □

클럽・바・노래방에서

A: リクエストをしたいのですが、いいですか。

리쿠에스토오 시따이노데스가, 이-데스까

곡을 신청하고 싶은데, 괜찮아요?

B: はい、お先(さき)にどうぞ。

하이, 오사끼니 도-조

네, 먼저 하십시오.

Check Point!

일본의 노래방을 이용하는 방법은 우리와 대부분 같습니다. 입구에 제시된 요금은 이용시간에 따라 다르지만 그 금액은 1인 요금이며 여러사람이 같이 들어갔을 때는 그 인원수에 곱하면 됩니다. 그리고 우리는 선불로 요금을 지불하지만 일본에서는 노래방 이용이 끝난 다음에 계산을 합니다. 또한 회원제로도 운영하기 때문에 카드를 만들어두면 편하게 이용할 수 있습니다.

그 나이트클럽은 손님이 많나요?

そのナイトクラブには客(きゃく)が多(おお)いですか。

소노 나이토쿠라부니와 캬꾸가 오-이데스까

카바레에 가서 한 잔 합시다.

キャバレーに行(い)って一杯(いっぱい)やりましょう。

캬바레-니 잇떼 입빠이 야리마쇼-

비어홀에 가서 맥주라도 마십시다.

ビヤホールに行(い)ってビールでも飲(の)みましょう。

비야호-루니 잇떼 비-루데모 노미마쇼-

노래방은 있나요?

カラオケボックスはありますか。

카라오케 복쿠스와 아리마스까

저는 한국 노래를 부르겠습니다.

わたしは韓国(かんこく)の歌(うた)を歌(うた)います。

와따시와 캉꼬꾸노 우따오 우따이마스

노래 선곡집을 보여 주세요.

歌(うた)のリストを見(み)せてください。

우따노 리스토오 미세떼 구다사이

A: 곡을 신청하고 싶은데, 괜찮아요?

B: 네, 먼저 하십시오.

□ □ □

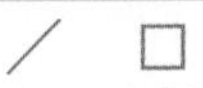

스포츠·레저 즐기기

A: 明日(あした)ゴルフをしたいのですが。

아시따 고루후오 시따이노데스가

내일 골프를 하고 싶은데요.

B: 何時(なんじ)にプレーされますか。

난지니 푸레-사레마스까

몇 시에 플레이하시겠습니까?

일본인에게 인기 있는 스포츠는 야구, 축구와 전통 씨름인 스모, 유도, 궁도 등이 있습니다. 스포츠에 관한 화제는 상대와의 공통점을 발견할 수 있는 좋은 기회로 쉽게 친해질 수 있는 계기가 됩니다. 어떤 스포츠를 하느냐고 물을 때는 どんなスポーツをやっていますか, 어떤 스포츠를 좋아하느냐고 물을 때는 どんなスポーツがお好きですか라고 하면 됩니다.

Basic Expression

골프를 치고 싶은데요.

ゴルフをしたいのですが。

고루후오 시따이노데스가

오늘 플레이할 수 있나요?

今日(きょう)、プレーできますか。

쿄-, 푸레- 데끼마스까

초보자도 괜찮습니까?

初心者(しょしんしゃ)でも大丈夫(だいじょうぶ)ですか。

쇼신샤데모 다이죠-부데스까

스키를 타고 싶은데요.

スキーをしたいのですが。

스키-오 시따이노데스가

레슨을 받고 싶은데요.

レッスンを受(う)けたいのですが。

렛승오 우케따이노데스가

등산은 좋아하세요?

山登(やまのぼ)りは好(す)きですか。

야마노보리와 스끼데스까

A: 내일 골프를 하고 싶은데요.

B: 몇 시에 플레이하시겠습니까?

☐ ☐ ☐

난처할 때

A: 何か助けが必要ですか。(なん / たす / ひつよう)

낭까 다스께가 히쯔요-데스까

무슨 도움이 필요하세요?

B: ありがとう。最寄りの駅はどこでしょうか。(も よ / えき)

아리가또-. 모요리노 에끼와 도꼬데쇼-까

고마워요. 가장 가까운 역은 어디에 있나요?

여행을 하다 보면 가끔 난처한 상황에 처할 때가 있습니다. 예를 들어 길을 잃었거나 해서 어떻게 해야 할지 모를 때는 どうしたらいいでしょうか라고 말해보세요. 그러면 친절하게 알려줄 것입니다. 길을 걷다 보면 급하게 화장실을 가야 할 일이 있기 마련입니다. 이럴 때는 トイレはどこですか라고 말하면 됩니다.

지금 무척 곤란해요.

いま、たいへん困(こま)ってるんです。

이마, 다이헹 고맛떼룬데스

어떻게 하면 좋을까요?

どうしたらいいでしょうか。

도-시따라 이-데쇼-까

무슨 좋은 방법은 없을까요?

何(なに)かいい方法(ほうほう)はありませんか。

나니까 이- 호-호-와 아리마셍까

어떻게 좀 해 주세요.

何(なん)とかしてください。

난또까 시떼 구다사이

화장실은 어디에 있죠?

トイレはどこですか。

토이레와 도꼬데스까

그건 좀 곤란한데요.

それはちょっと困(こま)るんですが。

소레와 춋또 고마룬데스가

☐ ☐ ☐

A: 무슨 도움이 필요하세요?

B: 고마워요. 가장 가까운 역은 어디에 있나요?

관광

말이 통하지 않을 때

Mini Talk

A: 日本語(にほんご)は話(はな)せますか。

니홍고와 하나세마스까

일본어는 할 줄 아세요?

B: いいえ、あまりできないんです。

이-에, 아마리 데끼나인데스

아뇨, 잘 못합니다.

Check Point!

여행을 떠나기 전에 기본적인 회화 정도는 익히고 출발하는 게 좋습니다. 단순히 여행을 간다면 그닥 일본어를 쓸 일이 없지만 이 정도는 알아두는 게 좋겠죠. 일본어를 할 줄 아느냐고 물었는데 모르면 日本語は話せません이라고 하면 됩니다. 반대로 일본인에게 한국어를 할 줄 아느냐고 물어볼 때는 韓国語(かんこくご)は話せますか라고 말해보세요.

Basic Expression

일본어는 못해요.

日本語は話せません。

니홍고와 하나세마셍

일본어는 잘 못해요.

日本語はあまりできないんです。

니홍고와 아마리 데끼나인데스

제 일본어로는 부족해요.

わたしの日本語では不十分です。

와따시노 니홍고데와 후쥬-분데스

천천히 말씀해 주시겠어요?

ゆっくりと言っていただけますか。

육꾸리또 잇떼 이따다께마스까

한국어를 하는 분은 안 계세요?

韓国語を話す方はいませんか。

캉코꾸고오 하나스 가따와 이마셍까

이것은 일본어로 뭐라고 하죠?

これは日本語で何と言いますか。

고레와 니홍고데 난또 이-마스까

A: 일본어는 할 줄 아세요?

B: 아뇨, 잘 못합니다.

□ □ □

쇼핑가에서

A: ショッピングセンターを探(さが)しています。

숍핑구센타-오 사가시떼 이마스

쇼핑센터를 찾고 있습니다.

B: 最近(さいきん)、新(あたら)しいショッピングプラザができました。

사이낑, 아따라시- 숍핑구푸라자가 데끼마시다

최근에 새로운 쇼핑센터가 생겼습니다.

일본여행의 선물로 인기가 있는 품목은, 카메라, 비디오카메라, 시계 등의 정밀기기와, 기모노, 진주, 도자기, 죽공예품, 판화, 골동품 등의 전통공예품을 들 수 있습니다. 이러한 품목들은 각지의 전문점은 물론, 백화점에서도 쉽게 구입할 수 있습니다. 여행에서 쇼핑도 빼놓을 수 없는 즐거움의 하나입니다. 꼭 필요한 품목은 미리 계획을 세워 충동구매를 피하도록 합시다.

Basic Expression

쇼핑가는 어디에 있나요?

ショッピング街(がい)はどこですか。

숍핑구가이와 도꼬데스까

면세점은 어디에 있나요?

免税店(めんぜいてん)はどこにありますか。

멘제-뗑와 도꼬니 아리마스까

이 주변에 백화점은 있나요?

このあたりにデパートはありますか。

고노 아따리니 데파-토와 아리마스까

그건 어디서 살 수 있나요?

それはどこで買(か)えますか。

소레와 도꼬데 가에마스까

그 가게는 오늘 문을 열었나요?

その店(みせ)は今日(きょう)開(あ)いていますか。

소노 미세와 쿄- 아이떼 이마스까

몇 시까지 하나요?

何時(なんじ)まで開(あ)いていますか。

난지마데 아이떼 이마스까

A: 쇼핑센터를 찾고 있습니다. □ □ □

B: 최근에 새로운 쇼핑센터가 생겼습니다.

슈퍼마켓・백화점에서

A: 贈答用商品券(ぞうとうようしょうひんけん)はどこで買(か)えますか。

조-또-요- 쇼-힝와 도꼬데 가에마스까

선물용 상품권은 어디서 살 수 있습니까?

B: はい、5階(かい)の文化(ぶんか)センターの入口(いりぐち)にございます。

하이, 고까이노 붕까센타-노 이리구찌니
고자이마스

네, 5층 문화센터 입구에 있습니다.

백화점은 가격이 좀 비싸지만 가장 안전하고 좋은 물건을 구입할 수 있는 곳입니다. 또한 저렴하게 좋은 물건을 구입할 수 있는 곳으로는 국제공항의 출국 대합실에 免税店(Duty Free)이라는 간판을 내걸고 술, 향수, 보석, 담배 등을 파는 면세점이 있습니다. 나라나 도시에 따라서는 시내에도 공인 면세점이 있어 해외여행자의 인기를 모으고 있습니다.

이 근처에 슈퍼는 있나요?

ちか
この近くにスーパーはありますか。

고노 치까꾸니 스-파-와 아리마스까

가공식품 코너는 어딘가요?

か こうしょくひん
加工食品のコーナーはどこですか。

가꼬-쇼꾸힌노 코-나-와 도꼬데스까

매장 안내는 있나요?

うり ば あんない
売場案内はありますか。

우리바 안나이와 아리마스까

엘리베이터는 어디에 있나요?

エレベーターはどこですか。

에레베-타-와 도꼬데스까

이것에는 보증이 붙어있나요?

ほしょう つ
これには保証が付いてますか。

고레니와 호쇼-가 쓰이떼마스까

지금 주문하면 곧 받을 수 있나요?

ちゅうもん て はい
いま注文すれば、すぐ手に入りますか。

이마 츄-몬스레바, 스구 데니 하이리마스까

□ □ □

A: 선물용 상품권은 어디서 살 수 있습니까?

B: 네, 5층 문화센터 입구에 있습니다.

학습일 / □

쇼핑

물건을 찾을 때

A: 何(なに)かお探(さが)しですか。

나니까 오사가시데스까

무얼 찾으세요?

B: はい、家内(かない)へのプレゼントを見(み)ています。

하이, 카나이에노 푸레젠토오 미떼 이마스

네, 아내에게 줄 선물을 보고 있습니다.

가게에 들어서면 제일 먼저 종업원이 いらっしゃいませ라고 큰소리로 인사를 하며 손님을 맞이합니다. 何をお探しですか(뭐를 찾으십니까?)라고 물었을 때 살 마음이 없는 경우에는 見ているだけです(보고 있습니다)라고 대답하면 됩니다. 종업원이 손님에게 말을 걸었는데도 대답을 하지 않거나 무시하는 것은 상대에게 실례가 됩니다.

Basic Expression

무얼 찾으세요?

何(なに)かお探(さが)しですか。

나니까 오사가시데스까

그냥 구경하는 거예요.

見(み)ているだけです。

미떼이루 다께데스

잠깐 봐 주시겠어요?

ちょっとよろしいですか。

촛또 요로시-데스까

재킷을 찾는데요.

ジャケットを探(さが)しています。

쟈켓토오 사가시떼 이마스

이것과 같은 것은 없어요?

これと同(おな)じものはありませんか。

고레또 오나지 모노와 아리마셍까

이것뿐이에요?

これだけですか。

고레다께데스까

A: 무얼 찾으세요?　□ □ □

B: 네, 아내에게 줄 선물을 보고 있습니다.

학습일 ／ □

물건을 고를 때

A: あれを見(み)せてもらえますか。

아레오 미세떼 모라에마스까

저걸 보여 주시겠어요?

B: かしこまりました。はい、どうぞ。

카시꼬마리마시다. 하이, 도-조

알겠습니다. 자, 여기 있습니다.

쇼핑을 할 때 가게에 들어가서 상품에 함부로 손을 대지 않도록 합시다. 가게에 진열되어 있는 상품은 어디까지나 샘플이기 때문에 손을 대는 것은 살 마음이 있다고 상대가 받아들일 수도 있습니다. 보고 싶을 경우에는 옆에 있는 점원에게 부탁을 해서 꺼내오도록 해야 합니다. 만약 찾는 물건이 보이지 않을 때는 ~を見せてください(~을 보여주세요)라고 해보세요.

그걸 봐도 될까요?

それを見(み)てもいいですか。

소레오 미떼모 이-데스까

몇 가지 보여 주세요.

いくつか見(み)せてください。

이꾸쓰까 미세떼 구다사이

다른 것을 보여 주세요.

別(べつ)のものを見(み)せてください。

베쯔노 모노오 미세떼 구다사이

더 좋은 것은 없어요?

もっといいのはありませんか。

못또 이-노와 아리마셍까

사이즈는 이것뿐이에요?

サイズはこれだけですか。

사이즈와 고레다께데스까

다른 디자인은 없어요?

他(ほか)のデザインはありませんか。

호까노 데자잉와 아리마셍까

A: 저걸 보여 주시겠어요? □□□

B: 알겠습니다. 자, 여기 있습니다.

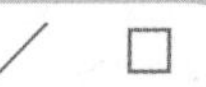

물건 값을 흥정할 때

A: これを全部(ぜんぶ)買(か)ったら割引(わりびき)してくれますか。

고레오 젬부 갓따라 와리비끼시떼 구레마스까

이걸 전부 사면 할인해 주나요?

B: ええ、考(かんが)えますよ。

에-, 강가에마스요

예, 생각해볼게요.

정찰제로 운영하는 가게는 가격을 흥정하기 어렵지만, 할인점이나 시장 등에서는 가능합니다. 자신이 생각한 가격이 비쌀 경우에는 高いですね, 조금 쌀 때는 安いですね라고 말해보십시오. 더 싼 물건을 찾을 때는 もっと安いものはありませんか라고 하며, 값을 깎아달라고 할 때는 もっと安くしてくれませんか나 少し割引きできませんか라고 흥정하면 됩니다.

Basic Expression

좀 더 깎아 줄래요?

もう少(すこ)し負(ま)けてくれますか。

모- 스꼬시 마케떼 구레마스까

더 싼 것은 없나요?

もっと安(やす)いものはありませんか。

못또 야스이 모노와 아리마셍까

더 싸게 해 주실래요?

もっと安(やす)くしてくれませんか。

못또 야스꾸시떼 구레마셍까

좀 비싼 것 같군요.

ちょっと高(たか)いようですね。

촛또 다까이요-데스네

할인 좀 안 되나요?

少(すこ)し割引(わりびき)できますか。

스꼬시 와리비끼 데끼마스까

미안해요. 다음에 올게요.

ごめんなさい。また来(き)ます。

고멘나사이. 마따 기마스

□ □ □

A: 이걸 전부 사면 할인해 주나요?

B: 예, 생각해볼게요.

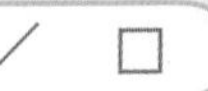

물건 값을 계산할 때

A: これ、全部(ぜんぶ)でいくらですか。

고레, 젬부데 이꾸라데스까

이거 전부해서 얼마인가요?

B: はい、税込(ぜいこ)みで13,200円(えん)になります。

하이, 제-꼬미데 이찌만산젠니햐꾸엔니 나리마스

**네, 세금 포함해서
13,200엔이 되겠습니다.**

가격이 정해지고 나서 구입한 물건을 한꺼번에 지불할 때는 全部でいくらになりますか라고 합니다. 거의 모든 가게에서 현금, 신용카드, 여행자수표 등으로 물건값을 계산할 수 있지만, 여행자수표를 사용할 때는 여권의 제시를 요구하는 가게도 있습니다. 일본은 각 개인이 소비세를 지불하며 우리처럼 카드가 안 되는 곳이 많으므로 현금을 준비해야 합니다.

Basic Expression

이건 얼마예요?

これはいくらですか。

고레와 이꾸라데스까

전부해서 얼마인가요?

全部(ぜんぶ)でいくらですか。

젬부데 이꾸라데스까

이건 세일 중인가요?

これはセール中(ちゅう)ですか。

고레와 세-루 쮸-데스까

세금을 포함한 가격입니까?

税金(ぜいきん)を含(ふく)んだ値段(ねだん)ですか。

제-낑오 후꾼다 네단데스까

신용카드로 지불하고 싶은데요.

クレジットカードで支払(しはら)いたいんですが。

쿠레짓토 카-도데 시하라이따인데스가

왜 가격이 다른가요?

どうして値段(ねだん)が違(ちが)うんですか。

도-시떼 네당가 치가운데스까

☐ ☐ ☐

A: 이거 전부해서 얼마인가요?

B: 네, 세금 포함해서 13,200엔이 되겠습니다.

Unit 57

포장이나 배달을 원할 때

A: これは配達(はいたつ)してください。

고레와 하이타쯔시떼 구다사이

이건 배달해 주세요.

B: はい、ここに住所(じゅうしょ)を書(か)いてください。

하이, 고꼬니 쥬-쇼오 가이떼 구다사이

네, 여기에 주소를 적어 주세요.

일본여행을 하면서 선물을 구입할 때는 받는 사람을 위해서 정성스럽게 포장을 부탁하게 됩니다. 매장에서 물건을 구입할 때 부피가 크거나 무거워서 들고 다니기 힘든 경우는 머물고 있는 호텔에 직접 배달을 これをホテルまで配達してくださいか라고 부탁하거나, 아니면 매장에 따라 한국으로 직접 배송을 부탁할 수도 있습니다.

이건 배달해 주세요.

これは配達(はいたつ)してください。

고레와 하이타쯔시떼 구다사이

호텔까지 갖다 주시겠어요?

ホテルまで届(とど)けてもらえますか。

호테루마데 도도께떼 모라에마스까

언제 배달해 주시겠어요?

いつ届(とど)けてもらえますか。

이쯔 도도께떼 모라에마스까

별도 요금이 드나요?

別料金(べつりょうきん)がかかりますか。

베쯔료-낑가 가까리마스까

이 주소로 보내 주세요.

この住所(じゅうしょ)に送(おく)ってください。

고노 쥬-쇼니 오꿋떼 구다사이

구입한 게 아직 배달되지 않았어요.

買(か)ったものがまだ届(とど)きません。

갓따 모노가 마다 도도끼마셍

A: 이건 배달해 주세요.

B: 네, 여기에 주소를 적어 주세요.

☐ ☐ ☐

교환이나 환불을 원할 때

A: これ、買(か)ったものと違(ちが)います。

고레, 갓따 모노또 치가이마스

이거 산 물건하고 다릅니다.

B: 領収書(りょうしゅうしょ)はありますか。

료-슈-쇼와 아리마스까

영수증은 있어요?

쇼핑할 때는 물건을 꼼꼼히 잘 살펴보고 구입하면 매장에 다시 찾아가서 교환이나 환불을 요구할 필요가 없습니다. 더구나 외국에서는 말이 잘 통하지 않기 때문에 어려움이 있기 마련입니다. 그러나 만에 하나 구입한 물건에 하자가 있을 때는 여기서의 표현을 잘 익혀두어 새로운 물건으로 교환을 받거나 원하는 물건이 없을 때 당당하게 환불을 받도록 합시다.

Basic Expression

반품하고 싶은데요.

へんぴん
返品したいのですが。

헴삔시따이노데스가

아직 쓰지 않았어요.

つか
まだ使っていません。

마다 쓰깟떼 이마셍

이걸 어제 샀어요.

か
これをきのう買いました。

고레오 기노- 가이마시다

다른 것으로 바꿔 주세요.

べつ　と　か
別のものと取り替えてください。

베쯔노 모노또 도리까에떼 구다사이

영수증은 여기 있어요.

りょうしゅうしょ
領収書はここにあります。

료-슈-쇼와 고꼬니 아리마스

환불해 주시겠어요?

へんきん
返金してもらえますか。

헹낀시떼 모라에마스까

A: 이거 산 물건하고 다릅니다.

B: 영수증은 있어요?

☐ ☐ ☐

물건을 분실했을 때

A: 電車(でんしゃ)にバッグを忘(わす)れました。

덴샤니 박구오 와스레마시다

전철에 가방을 놓고 내렸어요.

B: 何線(なにせん)ですか。

나니센데스까

무슨 선입니까?

여권이나 귀중품을 분실했다면 먼저 분실물센터나 호텔의 경비담당 아니면 경찰에 신고해보세요. 만약 신용카드를 분실했다면 카드사에 연락하여 사용을 정지시키고, 비행기탑승권을 분실했다면 여행사나 항공사에 연락하세요. 그리고 여권 분실에 대비하여 발행 연월일, 번호, 발행지 등은 수첩에 메모를 해두고 예비사진 2장도 준비해두는 것도 도움이 됩니다.

Basic Expression

여권을 잃어버렸어요.

パスポートをなくしました。

파스포-토오 나꾸시마시다

전철에 가방을 놓고 내렸어요.

電車(でんしゃ)にバッグを忘(わす)れました。

덴샤니 박구오 와스레마시다

유실물 센터는 어디에 있죠?

紛失物係(ふんしつぶつがかり)はどこですか。

훈시쯔부쯔 가까리와 도꼬데스까

누구에게 알리면 되죠?

だれに知(し)らせたらいいですか。

다레니 시라세따라 이-데스까

무엇이 들어있었죠?

何(なに)が入(はい)っていましたか。

나니가 하잇떼 이마시다까

찾으면 연락드릴게요.

見(み)つかったら連絡(れんらく)します。

미쓰깟따라 렌라꾸시마스

A: 전철에 가방을 놓고 내렸어요.

B: 무슨 선입니까?

☐ ☐ ☐

Unit 60

도난당했을 때

A: 金(かね)をよこせ。さもないと殺(ころ)すぞ!

가네오 요꼬세. 사모나이또 고로스조

돈을 내놔. 그렇지 않으면 죽이겠다!

B: お金(かね)は持(も)っていません!

오까네와 못떼 이마셍

돈은 안 갖고 있어요!

일본은 치안이 잘 되어 있는 나라지만 만약을 대비해서 다음과 같은 표현도 잘 익혀 두면 위급할 때 유용하게 쓸 수 있습니다. 물건을 도난당했다면 우선 도난 품목을 빠짐없이 작성하고 현지 경찰에 도난신고를 하거나 대사관 영사부에 도움을 요청해보세요. 그리고 보험에 가입되어 있다면 해당 보험사에도 연락하여 피해사건을 신고하도록 하세요.

Basic Expression

강도예요!

強盗(ごうとう)ですよ!

고-또-데스요

돈을 빼앗겼어요.

お金(かね)を奪(うば)われました。

오까네오 우바와레마시다

스마트폰을 도둑맞았어요.

スマートフォンを盗(ぬす)まれました。

스마-토훵오 누스마레마시다

전철 안에서 지갑을 소매치기 당했어요.

電車(でんしゃ)の中(なか)で財布(さいふ)をすられました。

덴샤노 나까데 사이후오 스라레마시다

방에 도둑이 든 것 같아요.

部屋(へや)に泥棒(どろぼう)が入(はい)ったようなんです。

헤야니 도로보-가 하잇따요-난데스

도난신고서를 내고 싶은데요.

盗難届(とうなんとど)けを出(だ)したいんですが。

도-난토도께오 다시따인데스가

□ □ □

A: 돈을 내놔. 그렇지 않으면 죽이겠다!

B: 돈은 안 갖고 있어요!

PART 03

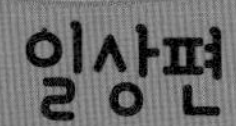

일상편

やさしい日本語の会話

- 日常編 -

하루일과
학교생활
직장생활
초대와 방문
공공장소
병원

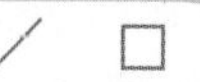

일어날 때

A: よく眠(ねむ)れましたか。

요꾸 네무레마시다까

잘 잤어요?

B: いいえ、悪(わる)い夢(ゆめ)をみました。

이-에, 와루이 유메오 미마시다

아뇨, 나쁜 꿈을 꿨어요.

일본의 가정도 우리와 크게 다를 바 없습니다. 아침에 일어나지 않고 꾸물거리는 아이들의 잠을 깨울 때는 早く起きなさい라고 하며, 남편일 경우에는 あなた、もう起きる時間ですよ라고 하며 잠을 깨웁니다. 일어난 가족에게 잘 잤느냐고 물어볼 때는 よく眠れましたか라고 하며, 잠을 푹 잘 잤을 때는 ぐっすり寝ましたよ라고 하면 됩니다.

Basic Expression

빨리 일어나라.

早(はや)く起(お)きなさい。

하야꾸 오끼나사이

여보, 이제 일어날 시간이에요!

あなた、もう起(お)きる時間(じかん)ですよ!

아나따, 모- 오끼루 지깐데스요

푹 잤어요.

ぐっすり寝(ね)ましたよ。

굿스리 네마시따요

알람을 꺼 주세요.

目覚(めざ)まし時計(どけい)を止(と)めてください。

메자마시도께-오 도메떼 구다사이

아직 졸려요.

まだ眠(ねむ)いですよ。

마다 네무이데스요

날씨는 어때요?

お天気(てんき)はどうですか。

오텡끼와 도-데스까

□ □ □

A: 잘 잤어요?

B: 아뇨, 나쁜 꿈을 꿨어요.

하루일과

아침준비

A: 遅(おそ)くなりました。朝食(ちょうしょく)は要(い)りませんよ。

오소꾸나리마시다. 쵸-쇼꾸와 이리마셍요

늦었어요. 아침식사는 안 먹을래요.

B: でも少(すこ)しは食(た)べないとね。

데모 스꼬시와 다베나이또네

그래도 조금은 먹어야지.

Check Point!

일본인의 일상적인 아침준비도 우리와 다를 바 없습니다. 아침에 일어나면(朝起きる) 먼저 이불을 개고(ふとんをたたむ) 간단하게 방정리를 마치면 세수를 하고(顔を洗う) 아침식사를 기다리면서 신문을 읽거나(新聞を読む) 텔레비전을 봅니다(テレビを見る). 그 동안 엄마들은 아이들 등교준비와 남편의 출근준비로 바쁘기 마련입니다.

Basic Expression

잠옷을 개거라.

パジャマを片付(かたづ)けなさい。

파쟈마오 가따즈께나사이

커텐을 열고, 이불도 개자.

カーテンを開(あ)けて、布団(ふとん)もたたもう。

카-텡오 아케떼, 후똥모 다따모-

샤워 좀 하고 와요.

シャワーを浴(あ)びていらっしゃい。

샤와-오 아비떼 이랏샤이

신문 좀 가져와요.

新聞(しんぶん)を取(と)ってきてね。

심붕오 돗떼 기떼네

아침밥을 먹기 전에 세수를 하거라.

朝(あさ)ご飯(はん)の前(まえ)に顔(かお)を洗(あら)いなさい。

아사고한노 마에니 가오오 아라이나사이

이는 닦았니?

歯(は)は磨(みが)いたの。

하와 미가이따노

A: 늦었어요. 아침식사는 안 먹을래요.

B: 그래도 조금은 먹어야지.

아침식사

A: さあ、ご飯(はん)ですよ。

사-, 고한데스요

자, 밥 먹어요.

B: はい、いただきます。

하이, 이따다끼마스

네, 잘 먹겠습니다.

일본인의 아침식사는 매우 간편한 편입니다. 대부분은 빵과 우유로 아침을 대신하고 밥을 먹을 때는 날달걀을 깨 간장과 함께 풀어서 밥 위에 얹어 먹습니다. 여기에 콩을 발효시켜 만든 낫토나 일본식 김을 얹어 먹으면 아침식사는 간편하게 끝납니다. 영양보충 차원에서 두부도 곁들여 먹기도 하며 미소시루(된장국)와 츠케모노(절임) 정도가 전부입니다.

아침 먹을 시간이에요.

ちょうしょく　じかん
朝食の時間ですよ。
쵸一쇼꾸노 지깐데스요

아침식사 준비가 다 됐어요.

あさ　はん　じゅんび
朝ご飯の準備ができましたよ。
아사고한노 즇비가 데끼마시따요

아침밥이 식겠어요.

あさ　はん　さ
朝ご飯が冷めますよ。
아사고항가 사메마스요

나중에 먹을게요.

あと　た
後で食べます。
아또데 다베마스

아침밥은 뭐예요?

あさ　はん　なん
朝ご飯は何ですか。
아사고항와 난데스까

아침식사는 안 거르는 게 좋아요.

ちょうしょく　ぬ
朝食は抜かないほうがいいですよ。
쵸-쇼꾸와 누까나이 호-가 이-데스요

□ □ □

A: 자, 밥 먹어요.

B: 네, 잘 먹겠습니다.

집을 나설 때

A: お弁当(べんとう)は持(も)った?

오벤또-와 못따

도시락은 챙겼니?

B: 遅刻(ちこく)だ。

치코꾸다

늦었어.

아침식사를 마치면 아이들은 등교를 하고 남편은 회사에 출근을 하게 됩니다. 집에 있는 사람은 밖에 나가기 전에 무언가 빠뜨린 무건이 없는지 何か忘れてはいない라고 확인합니다. 시간이 늦어을 때는 早くしないと遅刻するわよ라고 빨리 준비하기를 재촉합니다. 밖에 나가는 사람은 行ってきます, 집안에 있는 사람은 行っていらっしゃい라고 인사를 합니다.

오늘은 무얼 입을까?

今日(きょう)は何(なに)を着(き)ようかな。

쿄-와 나니오 기요-까나

빨리 갈아입어라.

早(はや)く着替(きが)えなさい。

하야꾸 기가에나사이

서두르지 않으면 지각해.

早(はや)くしないと遅刻(ちこく)するわよ。

하야꾸 시나이또 치코꾸스루와요

문은 잠갔어요?

ドアに鍵(かぎ)をかけましたか。

도아니 카기오 가께마시다까

뭐 잊은 건 없니?

何(なに)か忘(わす)れてはいないの?

나니까 와스레떼와 이나이노

다녀올게요.

行(い)ってきます。

잇떼 기마스

□ □ □

A: 도시락은 챙겼니?

B: 늦었어.

집안일

A: まあ、散(ち)らかってること!

마-, 치라깟떼루고또

어머, 난장판이구나!

B: すぐ片付(かたづ)けますよ。

스구 카따즈께마스요

금방 치울게요.

일본인의 주거생활은 서양화가 진척되어 응접실이나 아이들 방은 나무 바닥이나 카펫으로 깔려 있지만 아직도 다다미를 깔며 전통성을 유지하고 있는 가옥도 많습니다. 집은 대체적으로 협소하기 때문에 수납공간이 잘 마련되어 있어 말끔하게 정리되어 있는 편입니다. 집안일은 집안에 있는 사람의 몫이지만 요즘은 가족 전체가 나서서 하기도 합니다.

Basic Expression

방 좀 치워라.

部屋(へや)を片付(かたづ)けなさい。

헤야오 가따즈께나사이

좀 거들어 줘요.

お手伝(てつだ)いをしてね。

오테쓰다이오 시떼네

청소 좀 거들어 줘요.

掃除(そうじ)を手伝(てつだ)ってね。

소-지오 테쓰닷떼네

세탁물을 말려 줘요.

洗濯物(せんたくもの)を干(ほ)してね。

센타꾸모노오 호시떼네

개에게 밥 좀 줘요.

犬(いぬ)にえさをあげてね。

이누니 에사오 아게떼네

그 셔츠를 다려 주세요.

そのシャツにアイロンをかけてください。

소노 샤쓰니 아이롱오 가께떼 구다사이

A: 어머, 난장판이구나!

B: 금방 치울게요.

☐ ☐ ☐

귀가

A: 今日(きょう)はどうでした?

교-와 도-데시다

오늘은 어땠어요?

B: 今日(きょう)はすべてうまくいったよ。

교-와 스베떼 우마꾸 잇따요

오늘은 모두 잘 됐어요.

Check Point!

아침에 출근하여 회사에서 하루일과를 마치면 곧바로 귀가하는(まっすぐ家に帰る) 경우도 있지만 귀가길에 회사 동료들과 술을 마시는(帰りに酒を飲む) 사람도 있습니다. 귀가를 하는 남편이나 아이들은 집에 있는 사람에게 다녀왔다고 ただいま라고 인사를 합니다. 그러면 집안에 있는 사람은 おかえりなさい라고 반갑게 맞이합니다.

Basic Expression

곧장 집으로 갈까?

まっすぐ家(いえ)に帰(かえ)ろうかな。

맛스구 이에니 가에로-까나

다녀왔어요.

ただいま。

다다이마

어서 와요.

おかえりなさい。

오까에리나사이

피곤한데.

疲(つか)れたな。

쓰까레따나

오늘은 즐거웠니?

今日(きょう)は楽(たの)しかった?

쿄-와 다노시깟따

일은 어땠어요?

仕事(しごと)はどうでしたか。

시고또오 도-데시다까

A: 오늘은 어땠어요?

B: 오늘은 모두 잘 됐어요.

□ □ □

저녁식사

A: ちゃんと手(て)を洗(あら)った?

챠또 데오 아랏따

손은 잘 씻었니?

B: はい。これ、ほんとうにおいしそうですね。

하이. 고레, 혼또-니 오이시소-데스네

네, 이거 정말 맛있어 보이네요.

일본인의 저녁식사는 딱히 정해진 것은 없지만 그날그날 먹고 싶은 음식으로 저녁을 준비합니다. 맞벌인 경우에는 퇴근길에 역 근처의 슈퍼에서 장을 봐와서 저녁을 준비하며, 가끔 외식을 하는 경우도 있습니다. 일본인들은 생선회나 초밥, 오뎅, 샤부샤부, 스키야끼 등을 먹을 때 오히려 일본술(사케나 일본 소주)보다 맥주를 더 많이 마시는 편입니다.

저녁은 무얼로 할까요?

夕食(ゆうしょく)は何(なに)にしましょうか。

유-쇼꾸와 나니니 시마쇼-까

저녁밥 다 되었어요?

晩(ばん)ご飯(はん)はできましたか。

방고항와 데끼마시다까

식사 준비를 거들어 주겠니?

ご飯(はん)の支度(したく)を手伝(てつだ)ってくれる?

고한노 시타꾸오 데쓰닷떼 구레루

잘 먹겠습니다.

いただきます。

이따다끼마스

잘 먹었습니다.

ごちそうさま。

고찌소-사마

그릇 좀 치워 주겠니?

お皿(さら)を片付(かたづ)けてくれる?

오사라오 가따즈께떼 구레루

A: 손은 잘 씻었니?

B: 네. 이거 정말 맛있어 보이네요.

☐ ☐ ☐

학습일 / ☐

저녁시간을 보낼 때

A: 今何(いまなに)やってるの?

이마 나니 얏떼루노

지금 무얼 하고 있니?

B: テレビを見(み)ていますよ。

테레비오 미떼 이마스요

텔레비전을 보고 있어요.

저녁에 귀가하면 먼저 간단하게 샤워나 목욕을 하면서 하루의 피로를 풀어줍니다. 그리고 나서 저녁식사를 마치면 게임을 하거나 가족 모두가 거실에 앉아서 텔레비전을 보면서 하루일과를 마무리합니다. 아이들을 각자 방에서 숙제를 하거나 공부를 합니다. 잠자기 전에 내일 준비는 다 되었는지 물을 때는 あしたの用意はできているの라고 합니다.

Basic Expression

역시 집이 좋아!

やっぱり家はいいな。

얍빠리 이에와 이-나

샤워 좀 할까?

シャワーを浴びるか。

샤와-오 아비루까

목욕물이 데워졌어요.

お風呂がわいてるよ。

오후로가 와이떼루요

텔레비전을 더 보고 싶어요.

もっとテレビが見たいですよ。

못또 테레비가 미따이데스요

숙제는 끝났니?

宿題は終わったの?

슈꾸다이와 오왓따노

내일 준비는 다 했니?

あしたの用意はできているの?

아시따노 요-이와 데끼떼 이루노

A: 지금 무얼 하고 있니?

B: 텔레비전을 보고 있어요.

□ □ □

휴일

A: 今夜(こんや)は外食(がいしょく)しましょう。

공야와 가이쇼꾸시마쇼-

오늘밤에는 외식합시다.

B: どこか行(い)きたい店(みせ)はありますか。

도꼬까 이끼따이 미세와 아리마스까

어디 가고 싶은 가게는 있어요?

Check Point!

일본인도 우리와 마찬가지로 주말에는 근처의 공원이나 관광지에 놀러가기도 하며, 다양한 취미생활을 즐기기도 합니다. 또한 가족단위로 할인점이나 대형 슈퍼마켓에 가서 쇼핑을 즐깁니다. 참고로 일본인은 여가의 3분의 1을 파친코나 경마를 한다고 합니다. 비교적 짧은 휴일에는 많은 사람들이 도박게임을 즐기면서 시간을 보낸다고 합니다.

Basic Expression

오늘은 어떻게 보낼까?

今日(きょう)はどうやって過(す)ごそうかな。

쿄-와 도-얏떼 스고소-까나

낮잠을 자고 싶군.

昼寝(ひるね)をしたいな。

히루네오 시따이나

백화점에 쇼핑 갑시다.

デパートに買(か)い物(もの)に行(い)きましょう。

데파-토니 가이모노니 이끼마쇼-

개를 데리고 산책을 가자.

犬(いぬ)を連(つ)れて散歩(さんぽ)に行(い)こう。

이누오 쓰레떼 삼뽀니 이꼬-

오늘은 데이트가 있어요.

今日(きょう)はデートなんですよ。

쿄-와 데-토난데스요

프로야구를 보러 갑시다.

プロ野球(やきゅう)を見(み)に行(い)きましょう。

프로야뀨-오 미니 이기마쇼-

A: 오늘밤에는 외식합시다.

B: 어디 가고 싶은 가게는 있어요?

☐ ☐ ☐

잠잘 때

A: 寝（ね）ていたの？

네떼 이따노

자고 있었니?

B: いいや、起（お）きていたよ。

이-야, 오끼떼 이따요

아냐, 안 자고 있었어.

드디어 바쁜 하루일과를 마치고 잠자리에 듭니다. 잠잘 시간이 다 되면 もう寝る時間ですよ라고 말하면 잠을 재촉합니다. 대부분 잠들기 전에 알람을 맞춰놓지만 일찍 깨워달라고 부탁할 때는 あしたは朝早く起こしてね라고 합니다. 그리고 잠을 자러 각자 방에 들어가면서 잘 자라고 おやすみなさい하고 인사를 나눕니다.

오늘밤은 일찍 잡시다.

今夜(こんや)は早(はや)く寝(ね)ましょう。

공야와 하야꾸 네마쇼-

이제 잘 시간이에요.

もう寝(ね)る時間(じかん)ですよ。

모- 네루 지깡데스요

텔레비전을 보지 말고 일찍 자거라.

テレビを見(み)ないで早(はや)く寝(ね)なさい。

테레비오 미나이데 하야꾸 네나사이

내일은 아침 일찍 깨워줘요.

あしたは朝早(あさはや)く起(お)こしてね。

아시따와 아사하야꾸 오꼬시떼네

좋은 꿈꾸세요.

いい夢(ゆめ)を見(み)ますように。

이- 유메오 미마스요-니

안녕히 주무세요(잘 자거라).

おやすみなさい。

오야스미나사이

□ □ □

A: 자고 있었니?

B: 아냐, 안 자고 있었어.

출신학교

A: あなたはどこの大学(だいがく)を出(で)ましたか。

아나따와 도꼬노 다이가꾸오 데마시다까

당신은 어느 대학을 나왔어요?

B: 地方(ちほう)の国立大学(こくりつだいがく)に通(かよ)いました。

치호-노 고꾸리쯔다이가꾸니 가요이마시다

지방 국립대학을 다녔어요.

우리는 대학을 들어기기도 어려울 뿐만 아니라 취업경쟁으로 인해 대학생활도 매우 어려운 환경에 놓여 있습니다. 요즘 일본도 마찬가지이지만 일본의 대학은 들어가기는 어렵지만 졸업은 쉽다고들 합니다. 사실 어려운 입시경쟁을 뚫고 입학한 학생은 동아리 활동, 아르바이트, 각종 모임(단합대회, M·T 등), 여행과 대학생활을 즐깁니다.

대학은 이미 졸업했어요.

大学（だいがく）はもう卒業（そつぎょう）しています。

다이가꾸와 모- 소쯔교-시떼 이마스

지금 대학에 다니고 있어요.

いま、大学（だいがく）へ行（い）っています。

이마, 다이가꾸에 잇떼 이마스

어느 대학을 다니고 있어요?

どちらの大学（だいがく）に行（い）っていますか。

도찌라노 다이가꾸니 잇떼 이마스까

어느 학교를 나왔어요?

どちらの学校（がっこう）を出（で）ましたか。

도찌라노 각꼬-오 데마시다까

어느 학교 출신이세요?

出身校（しゅっしんこう）はどちらですか。

슛싱꼬-와 도찌라데스까

그녀는 사립대학 출신이에요.

彼女（かのじょ）は私立大学（しりつだいがく）の出身（しゅっしん）です。

카노죠와 시리쯔 다이가꾸노 슛신데스

A: 당신은 어느 대학을 나왔어요?

B: 지방 국립대학을 다녔어요.

Unit 12

전공에 대해서

A: 大学(だいがく)で何(なに)を専攻(せんこう)したのですか。

다이가꾸데 나니오 셍꼬-시따노데스까

대학에서 무엇을 전공했습니까?

B: 経済学(けいざいがく)です。

케-자이가꾸데스

경제학입니다.

일본의 대학들도 우리와 마찬가지로 크게 문과계와 이과계, 의치계와 예체능계로 구분되어 있습니다. 대부분의 전공은 대학입학 때 정해지지만 우리처럼 복수전공도 할 수 있습니다. 복수전공보다는 과목이수생이라는 표현을 자주 쓰며, 다만 일본의 경우는 순수 자신의 전공만 학위증을 받습니다. 물론 성적 증명서에는 복수전공이 기재되어 있습니다.

대학에서의 전공은 무엇입니까?

だいがく　　せんこう　　なん
大学での専攻は何ですか。
다이가꾸데노 셍꼬-와 난데스까

무엇을 전공하셨습니까?

なに　せんこう
何を専攻なさいましたか。
나니오 셍꼬- 나사이마시다까

대학에서는 무엇을 공부했습니까?

だいがく　　なに　べんきょう
大学では何を勉強しましたか。
다이가꾸데와 나니오 벵꾜- 시마시다까

학부에서 법학을 전공했습니다.

がくぶ　ほうがく　せんこう
学部で法学を専攻しました。
가꾸부데 호-가꾸오 셍꼬-시마시다

당신은 경제를 전공하고 있습니까?

けいざい　せんこう
あなたは経済を専攻していますか。
아나따와 케-자이오 셍꼬-시떼 이마스까

대학원에서는 언어학을 연구했습니다.

だいがくいん　げんごがく　けんきゅう
大学院では言語学を研究しました。
다이가꾸인데와 겡고가꾸오 겡뀨-시마시다

□ □ □

A: 대학에서 무엇을 전공했습니까?

B: 경제학입니다.

학년과 학교

A: 今(いま)、通(かよ)っている学校(がっこう)はどうですか。

이마, 가욧떼 이루 각꼬-와 도-데스까

지금 다니고 있는 학교는 어때요?

B: いいですよ。キャンパスも広(ひろ)くて静(しず)かです。

이-데스요. 캼파스모 히로꾸떼 시즈까데스

좋아요. 캠퍼스도 넓고 조용해요.

대학교는 4월~7월말까지의 여름학기, 9월말이나 10월~1월말까지의 가을학기로 이루어져 있습니다. 우리보다 한 달씩 늦춰진다고 생각하면 됩니다. 여름방학과 겨울방학은 약 두 달 정도로 초중고등학교보다 길게 주어집니다. 또, 중간고사나 기말고사는 한 학기에 각각 한 번씩 보는 것이 일반적이고, 간혹 학교에 따라서 기말고사만 보기도 합니다.

Basic Expression

학생이세요?

がくせい
学生さんですか。

각세-산데스까

당신은 몇 학년이세요?

なんねんせい
あなたは何年生ですか。

아나따와 난넨세-데스까

학교는 집에서 그다지 멀지 않아요.

がっこう　いえ　とお
学校は家からあまり遠くないです。

각꼬-와 이에까라 아마리 도-꾸나이데스

저 하얀 건물이 도서관인가요?

しろ　たてもの　としょかん
あの白い建物が図書館ですか。

아노 시로이 다떼모노가 도쇼깐데스까

식당은 어디에 있어요?

しょくどう
食堂はどこにありますか。

쇼꾸도-와 도꼬니 아리마스까

캠퍼스는 상당히 넓군요.

ひろ
キャンパスはなかなか広いですね。

캼파스와 나까나까 히로이데스네

A: 지금 다니고 있는 학교는 어때요?

B: 좋아요. 캠퍼스도 넓고 조용해요.

☐ ☐ ☐

등교

A: まだ学校(がっこう)へ行(い)かないの?

마다 각꼬에 이까나이노

아직 학교에 안 가니?

B: 今日(きょう)は開校記念日(かいこうきねんび)ですよ。

쿄-와 카이꼬-키넴비데스요

오늘은 개교기념일이에요.

일본의 학교는 보통 8시에 등교하여 오후 3시에 하교를 합니다. 우리와는 다르게 부활동 문화가 활성화되어 있어서 하교 후에 방과후 활동하는 학생이 많이 있습니다. 또한 일본의 학교는 야자가 없습니다. 부활동을 하고 주로 집에 가는 정도입니다. 일부 극성맞은 부모님에 의해서 수도권에서는 사교육으로 새벽이 될 때까지 학원다니는 학생도 있지만요.

Basic Expression

서둘지 않으면 지각해.

急(いそ)がないと、遅刻(ちこく)するよ。

이소가나이또, 치코꾸스루요

벌써 시간이 이렇게 됐네. 빨리 가야겠어.

もうこんな時間(じかん)だ。早(はや)く行(い)かなくっちゃ。

모- 곤나 지깐다. 하야꾸 이까나꿋쨔

빠뜨린 건 없니?

忘(わす)れ物(もの)はないの?

와스레모노와 나이노

뭔가 빠뜨린 것 같은 느낌이 들어요.

何(なに)か忘(わす)れ物(もの)したような気(き)がしますよ。

나니까 와스레모노시따 요-나 기가 시마스요

오늘 아침은 평소보다 늦어도 돼요.

今朝(けさ)はいつもより遅(おそ)くてもいいんですよ。

게사와 이쓰모요리 오소꾸떼모 이인데스요

나는 자전거로 통학하고 있어요.

わたしは自転車(じてんしゃ)で通学(つうがく)しています。

와따시와 지뗀샤데 쓰-가꾸시떼 이마스

A: 아직 학교에 안 가니?

B: 오늘은 개교기념일이에요.

□ □ □

Unit 15

학교생활

A: 何(なん)のアルバイトをしているの?

난노 아루바이토오 시떼 이루노

무슨 아르바이트를 하고 있니?

B: 家庭教師(かていきょうし)だよ。

카떼--쿄-시다요

과외선생이야.

일본의 교육수준에 대단한 차이는 없지만 우리가 교육정책상으로는 조금 높은 교육수준을 요구합니다. 하지만 일본은 우리보다 교육평준화가 이뤄지지 않아 명문사립과 국립, 현립 등의 학교와의 수준차가 우리보다 큽니다. 일본도 진학에 대해서는 열성적이지만 우리만큼 무조건 대학을 가고 적성을 찾는 분위기는 아닙니다.

Basic Expression

무슨 동아리에 들었니?

何(なん)のクラブに入(はい)ってるの?

난노 쿠라부니 하잇떼루노

대학시절에 동아리 활동을 했어요?

大学時代(だいがくじだい)にクラブ活動(かつどう)をしましたか。

다이가꾸 지다이니 쿠라부 카쓰도-오 시마시다까

아르바이트는 하니?

アルバイトはしているの?

아루바이토와 시떼이루노

파트타임으로 일해요.

パートで働(はたら)いているんです。

파-토데 하따라이떼 이룬데스

학창시절, 해외여행을 한 적이 있어요?

学生時代(がくせいじだい)、海外旅行(かいがいりょこう)をしたことがありますか。

각세- 지다이, 카이가이료꼬-오 시따 고또가 아리마스까

지금부터 아르바이트야.

これからアルバイトなんだ。

고레까라 아루바이토난다

A: 무슨 아르바이트를 하고 있니? □□□

B: 과외선생이야.

수강 신청

A: 経済学(けいざいがく)の受講(じゅこう)を申(もう)し込(こ)むつもり?

케-자이가꾸노 쥬꼬-오 모-시꼬무 쓰모리

경제학 수강을 신청할거니?

B: まだ決(き)めていないよ。

마다 기메떼 이나이요

아직 못 정했어.

Check Point!

한국의 대학은 방학이 여름과 겨울 두 번인데 비해 일본의 대학은 여름방학(8월부터 10월초), 겨울방학(연말연시 2~3주 정도), 봄방학(2월 중순부터 4월초) 세 번입니다. 대학교의 정보화 인프라 측면에서는 우리가 훨씬 뛰어난 편입니다. 인터넷 수강신청, 성적확인 등은 인터넷으로 안 되며 직접 수기로 작성하여 수강싱청과 성적을 확인해야 합니다.

Basic Expression

어느 과정을 수강하고 싶니?

どの課程(かてい)を受講(じゅこう)したいの?

도노 카떼-오 쥬꼬-시따이노

이번 학기에 몇 과목 수강신청을 했니?

今学期(こんがっき)に、何科目(なんかもく)の受講申(じゅこうもう)し込(こ)みをした?

콩각끼니, 낭카모꾸노 쥬꼬- 모-시꼬미오 시따

어느 강의를 받을지 아직 안 정했니?

どの講義(こうぎ)を受(う)けるかまだ決(き)めてない?

도노 코-기오 우께루까 마다 기메떼 나이

이 강의는 상당히 재미있을 거 같아.

この講義(こうぎ)はなかなかおもしろそうだね。

고노 코-기와 나까나까 오모시로소-다네

이 강의는 기어코 수강할 생각이야.

この講義(こうぎ)は絶対(ぜったい)、取(と)るつもりだよ。

고노 코-기와 젯따이, 도루 쓰모리다요

언제 수강 과목을 바꿀 수 있나요?

いつ、受講科目(じゅこうかもく)を変(か)えることができますか。

이쯔, 쥬꼬- 카모꾸오 가에루 고또가 데끼마스까

□ □ □

A: 경제학 수강을 신청할거니?

B: 아직 못 정했어.

수업 진행

A: では、今日(きょう)はここまで。

데와, 쿄-와 고꼬마데

그럼, 오늘은 여기까지.

B: ありがとうございました。

아리가또 고자이마시다

수고하셨습니다.

Check Point!

수업시간도 우리와 크게 다르지 않습니다. 수업시간이 되어 기다리면 선생님이 오셔서 出席を取ります라고 하며 출석을 부릅니다. 출석점검이 끝나면 さあ､授業を始めます라고 하며 본격적으로 수업이 진행되죠. 학생들이 칠판에 집중하도록 할 때는 黒板をよく見てください, 수업을 마칠 때는 今日はこれで終わりましょう라고 합니다.

Basic Expression

여러분, 출석을 부르겠어요.

皆(みな)さん、出席(しゅっせき)を取(と)ります。

미나상, 슛세끼오 도리마스

자, 수업을 시작하겠어요.

さあ、授業(じゅぎょう)を始(はじ)めます。

사-, 쥬교-오 하지메마스

교과서를 펴세요.

教科書(きょうかしょ)を開(あ)けてください。

교-까쇼오 아케떼 구다사이

칠판을 잘 보세요.

黒板(こくばん)をよく見(み)てください。

고꾸방오 요꾸 미떼 구다사이

잠깐 쉬고 나서 시작하죠.

ちょっと休(やす)んでから始(はじ)めましょう。

춋또 야슨데까라 하지메마쇼-

오늘은 이만 마치겠어요.

今日(きょう)はこれで終(お)わりましょう。

쿄-와 고레데 오와리마쇼-

A: 그럼, 오늘은 여기까지.

B: 수고하셨습니다.

□ □ □

수업 시간

A: 先生(せんせい)、質問(しつもん)があります。

센세-, 시쯔몽가 아리마스

선생님, 질문이 있습니다.

B: はい、何(なん)ですか。

하이, 난데스까

네, 뭐죠?

수업시간에 질문을 할 때는 先生、質問がありますと 말합니다. 선생님은 질문이 마음에 들면 いい質問ですね라 말하죠. 수업시간에 설명을 하면서 학생들에게 잘 이해고 있는지 확인하기 위해 곧잘 皆さん、分かりますか라고 묻습니다. 선생님의 설명이 잘 이해가 되지 않을 때는 もう一度説明していただけませんか라고 말해보십시오.

Basic Expression

여러분, 알겠어요?

皆(みな)さん、分(わ)かりますか。

미나상, 와까리마스까

다른 질문은 없나요?

ほかの質問(しつもん)はありませんか。

호까노 시쯔몽와 아리마셍까

좋은 질문이군요.

いい質問(しつもん)ですね。

이- 시쯔몬데스네

다시 한 번 설명해 주시겠어요.

もう一度(いちど)説明(せつめい)していただけませんか。

모- 이찌도 세쯔메-시떼 이따다께마셍까

누구 아는 사람 없나요?

だれか、わかる人(ひと)いませんか。

다레까, 와까루 히또 이마셍까

이것은 매우 중요해요.

これはとても重要(じゅうよう)ですよ。

고레와 도떼모 쥬-요-데스요

A: 선생님, 질문이 있습니다. □ □ □

B: 네, 뭐죠?

시험과 성적

A: 今度(こんど)の試験(しけん)はどうでしたか。

곤도노 시껭와 도-데시다까

이번 시험은 어땠어요?

B: なかなか難(むずか)しかったですよ。

나까나까 무즈까시깟따데스요

상당히 어려웠어요.

학교를 다니게 되면 졸업할 때까지 많은 시험을 치르기 때문에 시험공부(試験勉強)를 하지 않으면 안됩니다. 우리와 마찬가지로 크게는 중간고사(中間テスト)와 기말시험(期末試験) 등이 있습니다. 시험을 보다라고 말할 때는 試験を受ける, 성적이 좋다(나쁘다)라고 말할 때는 成績がいい(悪い)라고 말합니다. 학점을 따다는 単位を取る라고 합니다.

Basic Expression

언제부터 기말시험이 시작됩니까?

いつから期末試験(きまつしけん)が始(はじ)まりますか。

이쓰까라 기마쯔 시껭가 하지마리마스까

시험에 나오는 범위는 어디입니까?

試験(しけん)に出(で)る範囲(はんい)はどこですか。

시껜니 데루 항이와 도꼬데스까

시험공부는 했나요?

試験勉強(しけんべんきょう)はしましたか。

시껨벵꾜-와 시마시다까

시험 결과는 어땠어요?

試験(しけん)の結果(けっか)はどうでしたか。

시껜노 겍까와 도-데시다까

이번 시험은 예상 이외로 쉬웠어요.

今度(こんど)の試験(しけん)は予想外(よそうがい)に易(やさ)しかったです。

곤도노 시껭와 요소-가이니 야사시깟따데스

제 학교 성적은 그저 그랬어요.

わたしの学校(がっこう)の成績(せいせき)はまあまあでした。

와따시노 각꼬-노 세-세끼와 마-마-데시다

A: 이번 시험은 어땠어요?

B: 상당히 어려웠어요.

☐ ☐ ☐

학습일 / ☐

학교행사

A: 今度(こんど)の文化祭(ぶんかさい)のとき、何(なん)かする?

곤도노 붕까사이노 도끼, 낭까 스루

이번 문화제 때 뭔가 하니?

B: うん、クラスで芝居(しばい)をするんだ。

웅, 쿠라스데 시바이오 스룬다

응, 반에서 연극을 해.

일본의 학교도 1년동안 다양한 행사가 행해집니다. 가장 큰 행사로는 입학식(入学式)과 졸업식(卒業式)이 있습니다. 드디어 신학기(新学期)가 시작되면 먼저 개교기념일(開校記念日)이 있습니다. 봄가을에는 문화제(文化祭)와 운동회(運動会)가 열리고 수학여행(修学旅行)도 있습니다. 대학의 경우는 대학축제(大学祭)라는 큰 행사도 있습니다.

Basic Expression

오늘은 딸 입학식입니다.

きょう　　　　　　にゅうがくしき
今日はむすめの入学式です。

교-와 무스메노 뉴-가꾸시끼데스

이제 곧 신학기가 시작됩니다.

しんがっき　　はじ
もうすぐ新学期が始まります。

모- 스구 싱각끼가 하지마리마스

매일 운동회 연습이야.

まいにち　　うんどうかい　　れんしゅう
毎日、運動会の練習だよ。

마이니찌, 운도-까이노 렌슈-다요

수학여행은 즐거웠어.

しゅうがくりょこう　　たの
修学旅行は楽しかったよ。

슈-가꾸료꼬-와 다노시깟따요

이제 곧 대학축제이군요.

だいがくさい
もうすぐ大学祭ですね。

모- 스구 다이가꾸사이데스네

내일은 아들 졸업식이 있습니다.

むすこ　　そつぎょうしき
あしたは息子の卒業式があります。

아시따와 무스꼬노 소쯔교-시끼가 아리마스

□ □ □

A: 이번 문화제 때 뭔가 하니?

B: 응, 반에서 연극을 해.

출퇴근

A: どうして遅(おく)れたんだい。

도-시떼 오꾸레딴다이

왜 늦었나?

B: 5分(ふん)遅(おく)れただけです。

고훙 오꾸레따다께데스

5분 늦었을 뿐입니다.

아침에 만났을 때 인사를 나누는 것은 당연한 이야기지만 출근하면 おはようございます!하고 큰소리로 반갑게 인사를 합니다. 일본인은 인사로 사람을 판단할 정도로 인사를 무엇보다 중요하게 생각합니다. 그리고 아침 출근은 늦어도 10분전까지는 자리에 앉도록 해야 합니다. 물론 정각 9시에 도착해도 지각은 아니지만...

Basic Expression

또 지각이군요.

また遅刻(ちこく)ですね。

마따 치코꾸데스네

타임카드는 찍었어요?

タイムカードは押(お)しましたか。

타이무카-도와 오시마시다까

오늘 일은 몇 시에 끝나요?

今日(きょう)の仕事(しごと)は何時(なんじ)に終(お)わりますか。

쿄-노 시고또와 난지니 오와리마스까

이제 끝냅시다.

もう終(お)わりにしましょう。

모- 오와리니 시마쇼-

수고하셨습니다. 내일 봐요!

お疲(つか)れさまでした。また明日(あした)!

오쓰까레사마데시다. 마따 아시따

먼저 실례하겠습니다.

では、お先(さき)に失礼(しつれい)します。

데와, 오사끼니 시쯔레-시마스

A: 왜 늦었나?

B: 5분 늦었을 뿐입니다.

□ □ □

직장에 대해서

A: あなたはどの会社(かいしゃ)に勤(つと)めていますか。

아나따와 도노 카이샤니 쓰또메떼 이마스까

당신은 어느 회사에 근무합니까?

B: わたしは貿易会社(ぼうえきがいしゃ)で働(はたら)いています。

와따시와 보-에끼가이샤데 하따라이떼 이마스

저는 무역회사에서 일하고 있습니다.

소규모의 직장의 별개이지만, 일본의 기업문화에 있어서 대부분의 회사들은 회사에 공로가 있던, 대충 일을 하던 종신고용제도가 있어서, 요즘은 무너지는 추세이지만, 중간에 해고시키는 경우가 거의 없습니다. 어느 회사에 근무하고 있다고 말할 때는 ~に勤めています라고 하며, 회사에서 맡아서 하는 일을 말할 때는 ~をやっています라고 표현하면 됩니다.

당신은 회사원입니까?

あなたは会社員(かいしゃいん)ですか。

아나따와 카이샤인데스까

어느 회사에 근무합니까?

どの会社(かいしゃ)に勤(つと)めていますか。

도노 카이샤니 쓰또메떼 이마스까

어느 부서입니까?

部署(ぶしょ)はどこですか。

부쇼와 도꼬데스까

저는 이 회사에서 영업을 하고 있습니다.

わたしはこの会社(かいしゃ)で営業(えいぎょう)をやっています。

와따시와 고노 카이샤데 에-교-오 얏떼 이마스

회사는 어디에 있습니까?

会社(かいしゃ)はどこにあるんですか。

카이샤와 도꼬니 아룬데스까

정년은 언제입니까?

定年(ていねん)はいつですか。

테-넹와 이쯔데스까

□ □ □

A: 당신은 어느 회사에 근무합니까?

B: 저는 무역회사에서 일하고 있습니다.

학습일 /

업무를 볼 때

A: 時間(じかん)がどれくらいかかりましたか。

지깡가 도레쿠라이 가까리마시다까

시간이 어느 정도 걸렸어요?

B: 計画(けいかく)した日(ひ)にちより、二倍以上(にばいいじょう)もかかりました。

케-카꾸시따 히니찌요리, 니바이 이죠-모 가까리마시다

계획한 날짜보다 두 배 이상이나 걸렸어요.

Check Point!

평균적으로는 아침8시에서 밤10시에 퇴근하지만, 밤 11시까지 일하는 직장인이 많습니다. 출퇴근도 왕복 2시간 정도 걸리는 사람들도 많으므로 이런 점을 고려하면 사실상 회사에서 산다고 볼 수 있습니다. 퇴근하고 자기계발하거나 취미활동도 좀 하고 그런 삶을 살아야하는데 대부분의 직장인들은 회사에 얽매여 사는 것 같습니다.

지금 무얼 하고 계신가요?

今(いま)、何(なに)をしていらっしゃいますか。

이마, 나니오 시떼 이랏샤이마스까

당신이 해줘야 할 일이 있어요.

あなたにやってもらいたい仕事(しごと)があります。

아나따니 얏떼 모라이따이 시고또가 아리마스

일이 산더미처럼 쌓여 있어요.

仕事(しごと)が山積(やまづ)みです。

시고또가 야마즈미데스

그 일은 지금 하고 있는 중이에요.

その仕事(しごと)は、今(いま)しているところです。

소노 시고또와, 이마 시떼 이루 도꼬로데스

일이 끝나려면 아직 멀었어요.

仕事(しごと)が終(お)わるまでは、まだまだです。

시고또가 오와루마데와, 마다마다데스

이 일을 빨리 끝냅시다.

この仕事(しごと)を早(はや)く済(す)ませましょう。

고노 시고또오 하야꾸 스마세마쇼-

A: 시간이 어느 정도 걸렸어요?

B: 계획한 날짜보다 두 배 이상이나 걸렸어요.

□ □ □

사무기기

A: この書類(しょるい)をコピーしてください。

고노 쇼루이오 코피-시떼 구다사이

이 서류를 복사해 주세요.

B: はい、何部(なんぶ)をコピーしましょうか。

하이, 남부오 코피-시마쇼-까

네, 몇 부를 복사할까요?

Check Point!

일본인이 직장에 대한 불만에는 일본 특유의 종신고용, 연공서열 이외에 신입사원을 채용할 때 総合職(そうごうしょく)라는 제도가 있기 때문입니다. 이것은 일본 기업에서는 프로보다는 아무 일이나 시키면 잘 할 수 있는 일꾼을 원하기 때문에 자신이 원하는 직종이 아니라 채용 후에 어느 부서에 배치될 줄 모릅니다.

Basic Expression

뭐 필요한 것은 없나요?

何(なに)か必要(ひつよう)なものはありませんか。

나니까 히쯔요-나 모노와 아리마셍까

오늘 복사용지를 주문했어요.

今日(きょう)、コピー用紙(ようし)を注文(ちゅうもん)しました。

쿄-, 코피-요-시오 츄-몬시마시다

토너가 떨어지면 교환해 주세요.

トナーがなくなったら、交換(こうかん)してください。

토나-가 나꾸낫따라, 코-깐시떼 구다사이

양면테이프를 안 갖고 있나요?

両面(りょうめん)テープを持(も)っていませんか。

료-멘 테-푸오 못떼 이마셍까

잠깐 호치키스를 빌려 주세요.

ちょっと、ホチキスを貸(か)してください。

촛또, 호치키스오 가시떼 구다사이

누구 고무밴드 안 가지고 있나요?

だれか輪(わ)ゴムを持(も)っていませんか。

다레까 와고무오 못떼 이마셍까

□ □ □

A: 이 서류를 복사해 주세요.

B: 네, 몇 부를 복사할까요?

학습일 / ☐

직장생활

팩스와 컴퓨터

A: ファックスが来(き)ていますよ。

확쿠스가 기떼 이마스요

팩스가 와 있어요.

B: どこからファックスが来(き)ましたか。

도꼬까라 확꾸스가 기마시다까

어디서 팩스가 왔어요?

Check Point!

우리은 회사에서 개인적으로 일을 컴퓨터로 많이 쓰는 편이지만, 일본의 회사에서는 컴퓨터를 개인적인 카톡이나 업무에 이용하는 것을 금하는 편입니다. 또 일본사람들은 업무시간에 스마트폰도 그다지 이용하지 않는 편입니다. 친구들과 문자나 카독 등을 하며 스마트폰을 자꾸 만지면 놀고 있다는 오해를 받을 수 있기 때문입니다.

Basic Expression

지금 팩스로 보내 주세요.

今(いま)、ファックスで送(おく)ってください。

이마, 확쿠스데 오쿳떼 구다사이

견적서를 팩스로 보내겠습니다.

見積書(みつもりしょ)をファックスで送(おく)ります。

미쓰모리쇼오 확쿠스데 오꾸리마스

팩스번호를 알려 주세요.

ファックス番号(ばんごう)を教(おし)えてください。

확쿠스 방고-오 오시에떼 구다사이

보고서 파일명은 뭐죠?

報告書(ほうこくしょ)のファイル名(めい)は何(なん)ですか。

호-코꾸쇼노 화이루메-와 난데스까

컴퓨터가 다운됐어요.

コンピューターがフリーズしましたよ。

콤퓨-타-가 후리-즈시마시따요

바이러스 체크를 해 봤어요?

ウイルスチェックしてみましたか。

우이루스 첵꾸시떼 미마시다까

□ □ □

A: 팩스가 와 있어요.

B: 어디서 팩스가 왔어요?

인터넷과 이메일

A: 今(いま)、メールでお送(おく)りします。

이마, 메-루데 오오꾸리시마스

지금 메일로 보내드리겠습니다.

B: こちらのメールアドレスはご存(ぞん)じですか。

고찌라노 메-루아도레스와 고존지데스까

저희 이메일 주소는 아십니까?

요즘은 인터넷의 발달로 필요한 자료를 쉽게 검색할 수 있습니다. 또한 팩스를 이용하기보다는 간편하게 이메일(メール)을 주로 이용합니다. 상대의 이메일 주소를 물어볼 때는 メールアドレスを教えてくださいい라고 확인합니다. 필요한 내용을 이메일로 보내달라고 할 때는 ~をメールで送ってください라고 산대방에게 요구하면 됩니다.

Basic Expression

이번에 홈페이지를 갱신했어요.

今度(こんど)、ホームページを更新(こうしん)しましたよ。

곤도, 호-무페-지오 고-신시마시따요

이 사이트는 상당히 재밌군요.

このサイトはなかなかおもしろいですね。

고노 사이토와 나까나까 오모시로이데스네

이건 인터넷으로 찾아볼게요.

これはインターネットで調(しら)べてみますよ。

고레와 인타-넷토데 시라베떼 미마스요

이메일 주소를 가르쳐 주세요.

メールアドレスを教(おし)えてください。

메-루 아도레스오 오시에떼 구다사이

서류를 메일로 보내 주세요.

書類(しょるい)をメールで送(おく)ってください。

쇼루이오 메-루데 오쿳떼 구다사이

스팸메일이 늘어나 큰일이에요.

迷惑(めいわく)メールが増(ふ)えて困(こま)っているんです。

메-와꾸메-루가 후에떼 고맛떼 이룬데스

□ □ □

A: 지금 메일로 보내드리겠습니다.

B: 저희 이메일 주소는 아십니까?

회의와 프리젠테이션

A: 会議(かいぎ)はどれくらいで終(お)わりますか。

카이기와 도레쿠라이데 오와리마스까

회의는 어느 정도면 끝납니까?

B: 今日(きょう)の会議(かいぎ)は長引(ながび)くかもしれません。

쿄-노 카이기와 나가비꾸까모 시레마셍

오늘의 회의는 길어질지도 몰라요.

회의란 여러 사람이 같은 목적을 놓고 의견을 교환하여 하나의 결론을 얻는 것입니다. 직장에서의 회의는 업무 방향을 설정하고 이를 보다 원활히 수행하며, 그 과정을 점검하는 데 의의가 있습니다. 따라서 모두가 바쁘게 일하기 때문에 이런 귀중한 시간을 효율적이고 생산적인 회의가 되도록 사전에 충분한 준비와 배려가 필요합니다.

Basic Expression

오후 회의는 어디서 있나요?

午後(ごご)の会議(かいぎ)はどこであるんですか。

고고노 카이기와 도꼬데 아룬데스까

회의는 몇 시부터인가요?

会議(かいぎ)は何時(なんじ)からですか。

카이기와 난지까라데스까

이번 회의는 참석할 수 없어요.

今回(こんかい)の会議(かいぎ)には出(で)られません。

공까이노 카이기니와 데라레마셍

그 밖에 다른 의견은 없나요?

ほかに何(なに)か意見(いけん)はありませんか。

호까니 나니까 이껭와 아리마셍까

프레젠테이션은 언제인가요?

プレゼンテーションはいつですか。

푸레젠테-숑와 이쯔데스까

프레젠테이션 반응은 어땠나요?

プレゼンテーションの反応(はんのう)はどうでしたか。

푸레젠테-숀노 한노-와 도-데시다까

A: 회의는 어느 정도면 끝납니까?

B: 오늘의 회의는 길어질지도 몰라요.

□ □ □

회사생활

A: 課長(かちょう)に相談(そうだん)したいことがあるんですが。

가쬬-니 소-단시따이 고또가 아룬데스가

과장님께 의논드릴 말씀이 있는데요.

B: どんな話(はなし)なんだい。

돈나 하나시난다이

무슨 일인가?

요즘 일본에서는 자녀의 학교행사나 가족들에게 일어나는 갑작스런 사건·사고 등에 직원들이 유연하게 대응할 수 있도록 유급휴가를 한 시간 단위로 사용할 수 있는 제도를 도입하는 기업이 늘어나고 있습니다. 또한 회사마다 연차는 약간 다르지만 우리와 비슷한 편입니다. 입사하여 6개월이 지나면 연차를 10일 줍니다.

Basic Expression

다음주부터 1주일간 휴가를 내고 싶습니다.

らいしゅう　いっしゅうかん　きゅうか
来週から一週間の休暇をとりたいのです。

라이슈-까라 잇슈-깐노 큐-까오 도리따이노데스

언제 월급을 올려 주시겠습니까?

げっきゅう　あ
いつ月給を上げていただけますか。

이쯔 겍뀨오 아게떼 이따다께마스까

승진을 축하드립니다.

しょうしん
ご昇進、おめでとうございます。

고쇼-싱, 오메데또- 고자이마스

올해는 보너스도 안 나올 것 같아요.

ことし　で
今年は、ボーナスも出ないようですよ。

고또시와, 보-나스모 데나이요-데스요

부장님은 정년을 안 기다리고 명퇴했습니다.

ぶちょう　ていねん　ま　ゆうたい
部長は定年を待たずして勇退しました。

부쬬-와 테-넹오 마따즈시떼 유-따이시마시다

퇴근시간이에요. 일을 정리합시다.

たいしゃじかん　しごと　かたづ
退社時間ですよ。仕事を片付けましょう。

타이샤 지깐데스요. 시고또오 카따즈께마쇼-

☐☐☐

A: 과장님께 의논드릴 말씀이 있는데요.

B: 무슨 일인가?

회사방문 약속

Mini Talk

A: お時間(じかん)があれば、お会(あ)いしたいのですが。

오지깡가 아레바, 오아이시따이노데스가

시간이 있으면, 뵙고 싶은데요.

B: 午後3時(ごごじ)はいかがでしょうか。

고고 산지와 이까가데쇼-까

오후 3시는 어떠세요?

Check Point!

비즈니스로 일본 회사를 방문할 때는 미리 あした、お伺いしたいのですが라고 약속을 해야 합니다. 방문 허락을 받으면 시간을 정해야 하며 미팅 시간은 반드시 지켜야 합니다. 예를 들어 10시에 딱 맞춰서 가기보다는 9시 50분까지 방문하려는 회사의 접수창구에 도착하여 미팅룸으로 안내를 받는 것이 상식으로 되어 있습니다.

Basic Expression

내일 찾아뵙고 싶은데요.

あした、お伺(うかが)いしたいのですが。

아시따, 오우까가이 시따이노데스가

지금 찾아봬도 될까요?

これからお伺(うかが)いしてもいいですか。

고레까라 오우까가이시떼모 이-데스까

제가 그쪽으로 갈까요?

わたしがそちらに参(まい)りましょうか。

와따시가 소찌라니 마이리마쇼-까

우리 사무실까지 와 주시겠습니까?

わたしのオフィスまで来(き)ていただけますか。

와따시노 오휘스마데 기떼 이따다께마스까

언제 가면 가장 좋을까요?

いつ行(い)けばいちばんいいのでしょうか。

이쯔 이께바 이찌방 이-노데쇼-까

그 날은 스케줄이 잡혀 있습니다.

その日(ひ)はスケジュールが入(はい)っています。

소노 히와 스케쥬-루가 하잇떼 이마스

☐ ☐ ☐

A: 시간이 있으면, 뵙고 싶은데요.

B: 오후 3시는 어떠세요?

회사방문

A: お約束(やくそく)ですか。

오약소꾸데스까

약속은 하셨습니까?

B: いいえ。でも田中(たなか)さんにお会(あ)いしたいのですが。

이-에. 데모 다나까산니 오아이시따이노데스가

아니오. 하지만 다나카 씨를 만나고 싶은데요.

Check Point!

방문 회사에 도착하면 안내데스크에 가서 약속한 사람의 신분을 밝히고 만나고자 하는 사람의 부서와 이름을 말하고 대기하다가 안내를 받으면 됩니다. 명함을 주고받을 때는 고객사에게 먼저 명함을 주고 나중에 받습니다. 테이블에 앉으면 명함을 테이블에 올려놓고 이름과 인상을 기억해둡니다. 받은 명함에 메모를 해서는 안 됩니다.

요시무라 씨를 뵙고 싶은데요.

吉村(よしむら)さんにお会(あ)いしたいのですが。

요시무라산니 오아이시따이노데스가

영업부 다나카 씨는 계십니까?

営業部(えいぎょうぶ)の田中(たなか)さんはいらっしゃいますか。

에-교-부노 타나까상와 이랏샤이마스까

무슨 용건이십니까?

何(なん)のご用件(ようけん)ですか。

난노 고요-껜데스까

자, 여기에 앉으십시오.

どうぞ、ここにお座(すわ)りください。

도-조, 고꼬니 오스와리 쿠다사이

기다리게 해서 죄송합니다.

お待(ま)たせしてすみません。

오마따세시떼 스미마셍

이건 제 명함입니다.

これはわたしの名刺(めいし)です。

고레와 와따시노 메-시데스

□ □ □

A: 약속은 하셨습니까?

B: 아니오. 하지만 다나카 씨를 만나고 싶은데요.

전화를 걸 때

A: もしもし。吉田(よしだ)さんのお宅(たく)ですか。

모시모시. 요시다산노 오따꾸데스까

여보세요. 요시다 씨 댁이죠?

B: はい、そうですが。

하이, 소-데스가

네, 그런데요.

전화를 걸 때는 반드시 もしもし, ○○ですが, ○○さんをお願いします(여보세요, ○○입니다만, ○○씨 부탁드립니다)라고 먼저 자신의 신분이나 소속단체를 밝히고 전화 통화할 상대를 부탁합니다. 상대가 직접 받을 때는 もしもし, そちらは ○○さんでしょうか(여보세요, ○○이시죠?)라고 확인하면 됩니다.

Basic Expression

여보세요. 한국에서 온 김인데요.

かんこく　き
もしもし。韓国から来たキムですが。

모시모시. 캉코꾸까라 기따 기무데스가

여보세요. 요시다 씨 댁이죠?

よしだ　たく
もしもし、吉田さんのお宅ですか。

모시모시, 요시다산노 오따꾸데스까

나카무라 씨와 통화하고 싶은데요.

なかむら　はな
中村さんと話したいんですが。

나까무라산또 하나시따인데스가

여보세요. 스즈키 씨 좀 바꿔주세요.

すずき　ねが
もしもし、鈴木さんをお願いします。

모시모시, 스즈키상오 오네가이시마스

여보세요, 그쪽은 다나카 씨이세요?

たなか
もしもし、そちらは田中さんでしょうか。

모시모시, 소찌라와 다나카산데쇼-까

요시노 선생님은 계세요?

よしの せんせい
吉野先生はいらっしゃいますか。

요시노 센세-와 이랏샤이마스까

□ □ □

A: 여보세요. 요시다 씨 댁이죠?

B: 네, 그런데요.

전화를 받을 때

A: いま、ほかの電話(でんわ)に出(で)ておりますが。

이마, 호까노 뎅와니 데떼 오리마스가

지금 다른 전화를 받고 있는데요.

B: あ、そうですか。後(あと)でかけ直(なお)します。

아, 소-데스까. 아또데 가께나오시마스

아, 그래요? 나중에 다시 걸게요.

Check Point!

전화를 받을 때는 どちらさまでしょうか(누구시죠?)라고 상대를 확인하거나, もしもし, ○○でございますが(여보세요, ○○입니다만)라고 자신의 이름이나 회사의 이름 등을 밝혀 상대가 확인하는 수고를 덜어주는 것도 전화 에티켓의 하나입니다. 전화 상대를 바꿔줄 때는 ちょっとお待ちください(잠깐 기다려 주십시오)라고 합니다.

Basic Expression

네, 전데요.

はい、わたしですが。

하이, 와따시데스가

누구시죠?

どちらさまでしょうか。

도찌라사마데쇼-까

잠시 기다려 주십시오.

少々(しょうしょう)お待(ま)ちください。

쇼-쇼- 오마찌 구다사이

곧 요시무라 씨를 바꿔드릴게요.

ただいま吉村(よしむら)さんと代(か)わります。

다다이마 요시무라산또 가와리마스

여보세요, 전화 바꿨습니다.

もしもし、お電話(でんわ)代(か)わりました。

모시모시, 오뎅와 가와리마시다

지금 다른 전화를 받고 있는데요.

いま、ほかの電話(でんわ)に出(で)ていますが。

이마, 호까노 뎅와니 데떼 이마스가

A: 지금 다른 전화를 받고 있는데요.

B: 아, 그래요? 나중에 다시 걸게요.

□ □ □

학습일 /

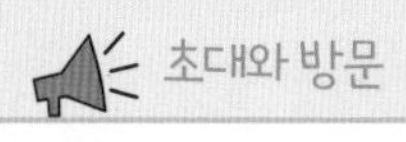

찾는 사람이 부재중일 때

Mini Talk

A: まだ帰(かえ)ってきていないんですが。

마다 가엣떼기떼 이나인데스가

아직 돌아오지 않았는데요.

B: 何(なん)とか連絡(れんらく)する方法(ほうほう)はありませんか。

난또까 렌라꾸스루 호-호-와 아리마셍까

무슨 연락할 방법은 없나요?

Check Point!

전화를 한 사람은 당신의 업무와 관련이 없는 사람일지 몰라도 그래도 상대에게는 중요한 사람일 수 있습니다. 원하는 통화 상대가 부재중일 때는 정중하게 메모를 남겨두거나 부재의 이유를 간단하게 말할 수 있도록 합니다. 전화를 다시 하겠다고 말할 때는 あとでもう一度かけなおします(나중에 다시 걸겠습니다)라고 하면 됩니다.

Basic Expression

언제 돌아오세요?

いつお戻(もど)りになりますか。

이쯔 오모도리니 나리마스까

무슨 연락할 방법은 없나요?

何(なん)とか連絡(れんらく)する方法(ほうほう)はありませんか。

난또까 렌라꾸스루 호-호-와 아리마셍까

나중에 다시 걸게요.

あとでもう一度(いちど)かけなおします。

아또데 모- 이찌도 가께나오시마스

미안합니다. 아직 출근하지 않았습니다.

すみません。まだ出社(しゅっしゃ)しておりません。

스미마셍. 마다 슛샤시떼 오리마셍

잠깐 자리를 비웠습니다.

ちょっと席(せき)をはずしております。

촛또 세끼오 하즈시떼 오리마스

오늘은 쉽니다.

きょうは休(やす)みを取(と)っております。

쿄-와 야스미오 돗떼 오리마스

☐ ☐ ☐

A: 아직 돌아오지 않았는데요.

B: 무슨 연락할 방법은 없나요?

약속할 때

A: 私と昼食をいっしょにいかがですか。

와따시또 츄-쇼꾸오 잇쇼니 이까가데스까

저와 함께 점심을 하실까요?

B: 今日はまずいですけど、あしたはどうですか。

쿄-와 마즈이데스께도, 아시따와 도-데스까

오늘은 곤란한데, 내일은 어때요?

Check Point!

상대와의 약속은 매우 중요합니다. 곧 그것은 그 사람의 신용과 직결되기 때문입니다. 약속을 제의할 때는 상대의 사정을 묻는 것부터 시작합니다. 우리말의 '약속을 지키다'는 約束をまもる라고 하며, '약속을 어기다(깨다)'라고 할 때는 約束をやぶる라고 합니다. 사정에 따라서 약속을 취소할 때는 本当にすみませんが, お約束が果たせません이라고 하면 됩니다.

몇 시까지 시간이 비어 있나요?

なんじ　じかん
何時まで時間があいてますか。

난지마데 지깡가 아이떼마스까

약속 장소는 그쪽에서 정하세요.

やくそく　ばしょ　き
約束の場所はそちらで決めてください。

약소꾸노 바쇼와 소찌라데 기메떼 구다사이

좋아요. 그 때 만나요.

あ
いいですよ。そのときに会いましょう。

이-데스요. 소노 도끼니 아이마쇼-

미안한데, 오늘은 안 되겠어요.

ざんねん　きょう
残念ながら、今日はだめなんです。

잔넨나가라, 쿄-와 다메난데스

그 날은 아쉽게도 약속이 있어요.

ひ　やくそく
その日は、あいにくと約束があります。

소노 히오, 아이니꾸또 약소꾸가 아리마스

급한 일이 생겨서 갈 수 없네요.

きゅうよう　い
急用ができて行けません。

큐-요-가 데끼떼 이께마셍

A: 저와 함께 점심을 하실까요?

B: 오늘은 곤란한데, 내일은 어때요?

□ □ □

초대할 때

A: 今晩(こんばん)、わたしと食事(しょくじ)はどうですか。

곰방, 와따시또 쇼꾸지와 도-데스까

오늘밤 나와 식사는 어때요?

B: いいですねえ。

이-데스네-

좋지요.

아무리 친한 친구라 하더라도 집으로 초대하지 않는다는 일본인도 많습니다. 이것은 집이 좁기 때문이기도 하지만 대개 자기 집안을 남에게 보이는 것을 꺼리기 때문입니다. 그러므로 일본인 집에 초대받는 것은 관계가 상당히 깊어졌다고 볼 수 있습니다. 자신의 집으로 초대할 때는 いつか遊びに来てください(언제 한번 놀러 오세요)라고 말해보세요.

우리 집에 식사하러 안 올래요?

うちに食事(しょくじ)に来(き)ませんか。

우찌니 쇼꾸지니 기마셍까

오늘밤 나와 식사는 어때요?

今晩(こんばん)、わたしと食事(しょくじ)はどうですか。

곰방, 와따시또 쇼꾸지와 도-데스까

언제 한번 식사라도 하시지요.

そのうち食事(しょくじ)でもいたしましょうね。

소노우찌 쇼꾸지데모 이따시마쇼-네

언제 한번 놀러 오세요.

いつか遊(あそ)びに来(き)てください。

이쯔까 아소비니 기떼 구다사이

가족 모두 함께 오십시오.

ご家族(かぞく)そろってお越(こ)しください。

고카조꾸 소롯떼 오꼬시 구다사이

아무런 부담 갖지 말고 오십시오.

どうぞお気軽(きがる)にいらしてください。

도-조 오키가루니 이라시떼 구다사이

☐☐☐

A: 오늘밤 나와 식사는 어때요?

B: 좋지요.

초대에 응답할 때

A: 誕生(たんじょう)パーティーに来(き)てね。

탄죠- 파-티-니 기떼네

생일 파티에 와요.

B: もちろん。招(まね)いてくれてありがとう。

모찌롱. 마네이떼 구레떼 아리가또-

당근이죠. 초대해 줘서 고마워요.

초대를 제의받았을 때 기꺼이 승낙을 표현하고자 할 때는 よろこんで, もちろん, きっと 등의 부사어를 사용하고 뒤에 招いてくれてありがとう처럼 초대에 대한 고마움을 확실히 표현해보도록 합시다. 모처럼의 초대를 거절할 때는 상대방이 기분이 나쁘지 않도록 우선 사죄를 하고 응할 수 없는 사정을 적절하게 표현할 수 있어야 합니다.

기꺼이 갈게요.

よろこんでうかがいます。
요로꼰데 우까가이마스

꼭 갈게요.

きっと行(い)きます。
깃또 이끼마스

초대해 줘서 고마워요.

招(まね)いてくれてありがとう。
마네이떼 구레떼 아리가또-

아쉽지만 갈 수 없어요.

残念(ざんねん)ながら行(い)けません。
잔넨나가라 이께마셍

그 날은 갈 수 없을 것 같은데요.

その日(ひ)は行(い)けないようですが。
소노 히와 이께나이 요-데스가

그 날은 선약이 있어서요.

その日(ひ)は先約(せんやく)がありますので。
소노 히와 셍야꾸가 아리마스노데

A: 생일 파티에 와요. ☐ ☐ ☐

B: 당근이죠. 초대해 줘서 고마워요.

방문할 때

A: これ、つまらないものですが、どうぞ。

고레, 쓰마라나이 모노데스가, 도-조

이거 변변치 않지만, 받으십시오.

B: どうも、こんなことなさらなくてもいいのに。

도-모, 곤나 고또 나사라나꾸떼모 이-노니

고마워요. 이렇게 안 가져 오셔도 되는데.

집을 방문할 때는 ごめんください(실례합니다)라고 집안에 있는 사람을 부른 다음 집에서 사람이 나올 때까지 대문이나 현관에서 기다립니다. 주인이 どちらさまですか라면서 나오면, こんにちは, 今日はお招きくださってありがとうございます, お世話になります 등의 인사말하고 상대의 안내에 따라 집안으로 들어서면 됩니다.

Basic Expression

요시무라 씨 댁이 맞습니까?

吉村(よしむら)さんのお宅(たく)はこちらでしょうか。

요시무라산노 오따꾸와 고찌라데쇼-까

스즈키 씨는 댁에 계십니까?

鈴木(すずき)さんはご在宅(ざいたく)ですか。

스즈끼상와 고자이따꾸데스까

5시에 약속을 했는데요.

5時(じ)に約束(やくそく)してありますが。

고지니 약소꾸시떼 아리마스가

좀 일찍 왔나요?

ちょっと来(く)るのが早(はや)すぎましたか。

촛또 구루노가 하야스기마시다까

늦어서 죄송해요.

遅(おそ)くなってすみません。

오소꾸낫떼 스미마셍

이거 변변치 않지만, 받으십시오.

これ、つまらないものですが、どうぞ。

고레, 쓰마라나이 모노데스가, 도-조

□□□

A: 이거 변변치 않지만, 받으십시오.

B: 고마워요. 이렇게 안 가져 오셔도 되는데.

학습일 / ☐

방문객을 맞이할 때

A: よく来(き)てくれました。うれしいです。

요꾸 기떼 구레마시다. 우레시-데스

잘 오셨습니다. 반갑습니다.

B: お招(まね)きくださってありがとう。

오마네끼 구다삿떼 아리가또-

초대해 주셔서 고맙습니다.

どうぞ는 남에게 정중하게 부탁할 때나 바랄 때 하는 말로 우리말의 '부디, 아무쪼록'에 해당하며, 또한 남에게 권유할 때나 허락할 때도 쓰이는 아주 편리한 말입니다. 방문한 사람이 집안으로 들어오면 우선 마음을 편하게 하는 것이 무엇보다 중요합니다. 이럴 때 주인은 どうぞくつろいでください나 どうぞお楽に라고 하며 손님을 편하게 해줍니다.

Basic Expression

잘 오셨습니다.

ようこそいらっしゃいました。

요-꼬소 이랏샤이마시다

자 들어오십시오.

どうぞお入(はい)りください。

도-조 오하이리 구다사이

이쪽으로 오십시오.

こちらへどうぞ。

고찌라에 도-조

집안을 안내해드릴까요?

家(いえ)の中(なか)をご案内(あんない)しましょうか。

이에노 나까오 고안나이시마쇼-까

이쪽으로 앉으십시오.

こちらへおかけください。

고찌라에 오카께 구다사이

자 편히 하십시오.

どうぞくつろいでください。

도-조 구쓰로이데 구다사이

☐ ☐ ☐

A: 잘 오셨습니다. 반갑습니다.

B: 초대해 주셔서 고맙습니다.

방문객을 대접할 때

A: さあどうぞ、ご自由(じゆう)に食(た)べてください。

사-, 도-, 고지유-니 다베떼 구다사이

자 어서, 마음껏 드세요.

B: はい、いただきます。

하이, 이따다끼마스

네, 잘 먹겠습니다.

먼저 손님이 찾아오면 いらっしゃいませ, どうぞ라고 맞이한 다음 どうぞお入りください라고 하며 안으로 안내를 합니다. 안내한 곳까지 손님이 들어오면 何か飲み物はいかがですか로 마실 것을 권유한 다음 식사를 합니다. 음식을 먹기 전에는 いただきます, 음식을 먹고 나서는 ごちそうさま 등의 식사와 음식 표현에 관한 기본적인 것을 익혀둡시다.

Basic Expression

잘 먹겠습니다.

いただきます。

이따다끼마스

이 음식, 맛 좀 보세요.

この料理(りょうり)、味見(あじみ)してください。

고노 료-리, 아지미시떼 구다사이

벌써 많이 먹었어요.

もう十分(じゅうぶん)いただきました。

모- 쥬-붕 이따다끼마시다

잘 먹었습니다.

ごちそうさまでした。

고찌소-사마데시다

요리를 잘하시는군요.

お料理(りょうり)が上手(じょうず)ですね。

오료-리가 죠-즈데스네

정말로 맛있었어요.

ほんとうにおいしかったです。

혼또-니 오이시깟따데스

□ □ □

A: 자 어서, 마음껏 드세요.

B: 네, 잘 먹겠습니다.

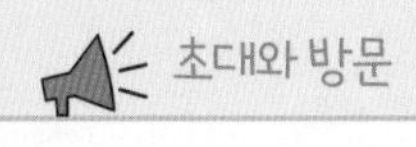

방문을 마칠 때

A: そろそろおいとまします。

소로소로 오이또마시마스

이제 슬슬 가볼게요.

B: もうお帰(かえ)りですか。

모- 오까에리데스까

벌써 가시게요?

おじゃまします(실례합니다)는 남의 집을 방문했을 경우에 하는 인사말로, 대접을 받고 나올 때는 おじゃましました(실례했습니다)라고 말합니다. 손님이 자리를 뜨려고 하면 일단 만류하는 것이 우리와 마찬가지로 일본에서도 예의입니다. 그렇다고 마냥 눈치 없이 앉아 있는 것도 폐가 되므로 초대에 대한 감사를 표시한 다음 자리에서 일어나도록 합시다.

Basic Expression

이제 그만 가볼게요.

そろそろおいとまします。
소로소로 오이또마시마스

오늘은 만나서 즐거웠어요.

今日(きょう)は会(あ)えてうれしかったです。
쿄-와 아에떼 우레시깟따데스

저희 집에도 꼭 오세요.

わたしのほうにもぜひ来(き)てください。
와따시노 호-니모 제히 기떼 구다사이

정말로 즐거웠어요.

ほんとうに楽(たの)しかったです。
혼또-니 다노시깟따데스

저녁을 잘 먹었습니다.

夕食(ゆうしょく)をごちそうさまでした。
유-쇼꾸오 고찌소-사마데시다

또 오세요.

また来(き)てくださいね。
마따 기떼 구다사이네

□ □ □

A: 이제 슬슬 가볼게요.
B: 벌써 가시게요?

은행에서

A: この1万円札(まんえんさつ)をくずしてくれますか。

고노 이찌망엔사쯔오 구즈시떼 구레마스까

이 1만 엔 권을 바꿔 주겠어요?

B: どのようにいたしましょうか。

도노요-니 이따시마쇼-까

어떻게 해드릴까요?

Check Point!

통장을 개설할 때는 외국인등록증이나 여권을 지참해야 합니다. 자유롭게 입출금할 수 있는 예금통장을 만드는 것이 편리하며 업무시간은 짧기 때문에 주의해야 합니다. 일본의 화폐단위는 ￥(엔)으로서 시중에서 사용되고 있는 화폐의 종류는 경화가 1, 5, 10, 50, 100, 500 ￥(엔)의 여섯 가지이며, 지폐는 1000, 2000, 5000, 10000 ￥(엔) 네 가지입니다.

Basic Expression

은행은 어디에 있어요?

銀行(ぎんこう)はどこにありますか。

깅꼬-와 도꼬니 아리마스까

현금인출기는 어디에 있어요?

ATMはどこにありますか。

ATM와 도꼬니 아리마스까

계좌를 트고 싶은데요.

口座(こうざ)を設(もう)けたいのですが。

코-자오 모-께따이노데스가

예금하고 싶은데요.

預金(よきん)したいのですが。

요낀시따이노데스가

환전 창구는 어디죠?

両替(りょうがえ)の窓口(まどぐち)はどちらですか。

료-가에노 마도구찌와 도찌라데스까

대출 상담을 하고 싶은데요.

ローンの相談(そうだん)をしたいのですが。

로-ㄴ노 소-당오 시따이노데스가

A: 이 1만 엔 권을 바꿔 주겠어요?

B: 어떻게 해드릴까요?

□ □ □

우체국에서

A: この小包(こづつみ)を韓国(かんこく)に送(おく)りたいのですが。

고노 코즈쯔미오 캉코꾸니 오꾸리따이노데스가

이 소포를 한국에 보내고 싶은데요.

B: 中身(なかみ)は何(なん)ですか。

나까미와 난데스까

내용물은 뭡니까?

일본의 우체국은 편지, 소포배달 이외에 저금, 보험 등의 업무도 취급합니다. 업무시간은 월요일부터 금요일까지로 오전 9시부터 오후 5시까지 하며 토·일요일 및 경축일은 쉽니다. 또 우표나 엽서는 우체국 외에 kiosk(전철역에 있는 매장)등 [〒]mark가 있는 상점에서도 판매합니다. post box는 도로 여기저기에 설치되어 있고 적색으로 mark가 붙어 있습니다.

Basic Expression

우체국은 어디에 있죠?

郵便局(ゆうびんきょく)はどこにありますか。

유-빙쿄꾸와 도꼬니 아리마스까

우표는 어디서 살 수 있죠?

切手(きって)はどこで買(か)えますか。

깃떼와 도꼬데 가에마스까

빠른우편으로 부탁해요.

速達(そくたつ)でお願(ねが)いします。

소꾸타쯔데 오네가이시마스

항공편으로 보내 주세요.

航空便(こうくうびん)にしてください。

코-꾸-빈니 시떼 구다사이

이 소포를 한국에 보내고 싶은데요.

この小包(こづつみ)を韓国(かんこく)に送(おく)りたいのですが。

고노 코즈쓰미오 캉코꾸니 오꾸리따이노데스가

이 소포의 무게를 달아 주세요.

この小包(こづつみ)の重(おも)さを計(はか)ってください。

고노 코즈쓰미노 오모사오 하깟떼 구다사이

□ □ □

A: 이 소포를 한국에 보내고 싶은데요.

B: 내용물은 뭡니까?

이발소에서

A: どのように切(き)りましょうか。

도노요-니 기리마쇼-까

어떻게 자를까요?

B: いまと同(おな)じ髪型(かみがた)にしてください。

이마또 오나지 카미가따니 시떼 구다사이

지금과 같은 헤어스타일로 해 주세요.

이발소는 理容室(りようしつ), 床屋(とこや)라고 하며, 친근감을 담아 床屋(とこや)さん이라고 부르는 경우도 많습니다. 정기휴일은 대개 월요일(도쿄 부근)이며, 이발소 안에는 흔히 남자 모델 사진이 있으므로 그것을 보고 머리 모양을 정해도 됩니다. 우리보다 요금은 비싼 편입니다. 참고로 우리와는 달리 이발소와 미장원을 합친 미이용원이 많습니다.

Basic Expression

머리를 자르고 싶은데요.

髪(かみ)を切(き)りたいのですが。

가미오 기리따이노데스가

머리를 조금 잘라 주세요.

髪(かみ)を少(すこ)し刈(か)ってください。

가미오 스꼬시 갓떼 구다사이

이발만 해 주세요.

散髪(さんぱつ)だけお願(ねが)いします。

삼빠쯔다께 오네가이시마스

어떻게 자를까요?

どのように切(き)りましょうか。

도노요-니 기리마쇼-까

평소 대로 해 주세요.

いつもどおりにお願(ねが)いします。

이쯔모 도-리니 오네가이시마스

머리를 염색해 주세요.

髪(かみ)の毛(け)をそめてください。

가미노께오 소메떼 구다사이

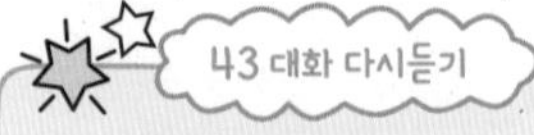

☐☐☐

A: 어떻게 자를까요?

B: 지금과 같은 헤어스타일로 해 주세요.

미용실에서

A: 今日(きょう)はどうなさいますか。

코-와 도- 나사이마스까

오늘은 어떻게 하시겠어요?

B: ヘアスタイルを変(か)えたいのですが。

헤아스타이루오 가에따이노데스가

헤어스타일을 바꾸고 싶은데요.

우리처럼 일본의 미용실의 미용은 머리 손질만을 말하는 것이 아니라, 얼굴이나 모습을 아름답게 하는 일 전반을 가리키며 美容室(びようしつ), beauty salon, hair salon 등 여러 가지로 불리고 있습니다. 말이 잘 통하지 않을 때는 비치된 헤어스타일북을 보고 마음에 든 헤어스타일이 있으면 このようにしてくださいい라고 하면 됩니다.

괜찮은 미용실을 아세요?

いい美容院を知りませんか。

이- 비요-잉오 시리마셍까

파마를 예약하고 싶은데요.

パーマを予約したいのですが。

파-마오 요야꾸시따이노데스가

커트와 파마를 부탁할게요.

カットとパーマをお願いします。

캇토또 파-마오 오네가이시마스

얼마나 커트를 할까요?

どれくらいカットしますか。

도레쿠라이 캇토 시마스까

다듬기만 해 주세요.

そろえるだけでお願いします。

소로에루다께데 오네가이시마스

짧게 자르고 싶은데요.

ショートにしたいのですが。

쇼-토니 시따이노데스가

A: 오늘은 어떻게 하시겠어요?

B: 헤어스타일을 바꾸고 싶은데요.

□ □ □

세탁소에서

A: これ、ドライクリーニングをお願(ねが)いします。

고레, 도라이쿠리-닝구오 오네가이시마스

이거, 드라이클리닝을 해 주세요.

B: はい、全部(ぜんぶ)で5点(てん)ですね。

하이, 젬부데 고뗀데스네

네, 전부해서 다섯 점이군요.

일본에는 주택가가 아닌 도심 한가운데에 '미사즈 히트'라는 작은 세탁소가 붐을 일으키고 있습니다. 더럽혀진 옷을 급히 세탁해야 하는 경우에도 이용되지만 주로 출근길에 맡기고 퇴근길에 찾아가는 독신남녀, 맞벌이부부들이 애용하고 있습니다. 클리닝을 부탁할 때는 クリーニングをお願いします, 다림질을 부탁할 때는 アイロンをお願いします라고 하면 됩니다.

Basic Expression

세탁소에 갖다 주고 와요.

クリーニングに出(だ)してきてね。

쿠리-닝구니 다시떼 기떼네

드라이클리닝을 해 주세요.

ドライクリーニングをお願(ねが)いします。

도라이쿠리-닝구오 오네가이시마스

셔츠에 있는 이 얼룩은 빠질까요?

シャツのこのシミは取(と)れますか。

샤츠노 고노 시미와 도레마스까

다림질을 해 주세요.

アイロンをかけてください。

아이롱오 가케떼 구다사이

언제 될까요?

いつ仕上(しあ)がりますか。

이쯔 시아가리마스까

치수를 고쳐 주실래요?

寸法(すんぽう)を直(なお)してもらえますか。

슴뽀-오 나오시떼 모라에마스까

45 대화 다시듣기

☐ ☐ ☐

A: 이거, 드라이클리닝을 해 주세요.

B: 네, 전부해서 다섯 점이군요.

부동산에서

A: どこに引(ひ)っ越(こ)しするつもりですか。

도꼬니 힉꼬시스루 쓰모리데스까

어디로 이사할 생각입니까?

B: 駅(えき)の近(ちか)くの場所(ばしょ)を探(さが)しています。

에끼노 치카꾸노 바쇼오 사가시떼 이마스

역 근처의 장소를 찾고 있습니다.

일본에서 유학생활이나 회사생활을 하려면 먼저 구해야 하는데 부동산에 관련된 용어를 알아둘 필요가 있습니다. 먼저 우리의 보증금격인 敷金(しききん)과 집을 빌려준 대가로 주는 礼金(れいきん)이 있습니다. 그밖에 거주를 하면서 家賃(やちん), 管理費(かんりひ), 光熱費(こうねつひ), 更新料(こうしんりょう) 등이 있습니다.

Basic Expression

안녕하세요, 셋방을 찾는데요.

こんにちは、部屋(へや)を探(さが)していますが。

곤니찌와, 헤야오 사가시떼 이마스가

어떤 방을 원하시죠?

どんな部屋(へや)をお望(のぞ)みですか。

돈나 헤야오 오노조미데스까

근처에 전철역은 있어요?

近(ちか)くに電車(でんしゃ)の駅(えき)はありますか。

치카꾸니 덴샤노 에끼와 아리마스까

집세는 얼마 정도예요?

家賃(やちん)はどれくらいですか。

야찡와 도레 쿠라이데스까

아파트를 보여주시겠어요?

アパートを見(み)せてくださいませんか。

아파-토오 미세떼 구다사이마셍까

언제 들어갈 수 있어요?

いつ入居(にゅうきょ)できますか。

이쯔 뉴-꾜데끼마스까

A: 어디로 이사할 생각입니까?

B: 역 근처의 장소를 찾고 있습니다.

☐ ☐ ☐

관공서에서

A: ご用件(ようけん)は何(なん)ですか。

고요-껭와 난데스까

무슨 용무로 오셨습니까?

B: はい、外国人登録(がいこくじんとうろく)をしに来(き)ました。

하이, 가이코꾸진 토-로꾸오 시니 기마시다

네, 외국인등록을 하러 왔습니다.

예전에는 일본에 거주하기 위해서는 구청 등에 가서 외국인등록증을 받았지만, 지금은 이름 등의 기본적인 신분 사항과 체류 자격, 체류 기간이 기재되고 증명사진이 부착된 체류카드가 교부됩니다. 새로운 체류관리제도는 일본에 체류자격을 갖고 중장기간 체류하는 외국인을 지속적으로 파악하여 편리성을 높이기 위한 제도입니다.

구청은 어디에 있습니까?

く やくしょ
区役所はどこにありますか。

구야꾸쇼와 도꼬니 아리마스까

외국인 등록은 무슨 과입니까?

がいこくじんとうろく　なに か
外国人登録は何課ですか。

가이꼬꾸진 토-로꾸와 나니까데스까

전입신고를 하고 싶은데요.

てんにゅうとどけ　だ
転入届を出したいんですが。

텐뉴-토도께오 다시따인데스가

제가 작성해야 할 서류는 무엇이죠?

さくせい　しょるい　なん
わたしが作成すべき書類は何ですか。

와따시가 사꾸세-스베끼 쇼루이와 난데스까

먼저 신청서를 제출하세요.

しんせいしょ　ていしゅつ
まず申請書を提出してください。

마즈 신세-쇼오 테-슈쯔시떼 구다사이

근처에 파출소는 있습니까?

ちか　こうばん
近くに交番はありますか。

치카꾸니 코-방와 아리마스까

A: 무슨 용무로 오셨습니까?

B: 네, 외국인등록을 하러 왔습니다.

□ □ □

미술관·박물관에서

A: 開館時間(かいかんじかん)は何時(なんじ)ですか。

카-깐지깡와 난지데스까

개관 시간은 몇 시입니까?

B: 午前(ごぜん)10時(じ)から午後(ごご)6時(じ)までです。

고젠 쥬-지까라 고고 로꾸지마데데스

오전 10시부터 오후 6시까지입니다.

외국을 여행하면 빼놓을 수없는 것이 박물관이나 미술관 등에 들어가서 관람하는 일이 많습니다. 관람하기 전에 미리 개관시간이나 폐관시간, 휴관일, 입장료, 단체할인 등을 점검하여 귀중한 여행 시간을 헛되이 보내지 않도록 합시다. 매표소에서 입장료가 얼마인지 물을 때는 入館料はいくらですか라고 해보십시오.

Basic Expression

미술관은 어디에 있습니까?

びじゅつかん
美術館はどこにありますか。

비쥬쓰깡와 도꼬니 아리마스까

입장료는 얼마입니까?

にゅうかんりょう
入館料はいくらですか。

뉴-깐료-와 이꾸라데스까

10명 이상은 단체할인이 있어요.

めいいじょう　だんたいわりびき
10名以上は団体割引がありますよ。

쥬-메- 이죠-와 단따이 와리비끼가 아리마스요

휴관일은 언제입니까?

きゅうかんび
休館日はいつですか。

큐-깜비와 이쯔데스까

박물관은 몇 시에 닫습니까?

はくぶつかん　なんじ　し
博物館は何時に閉まりますか。

하꾸부쯔깡와 난지니 시마리마스까

관내 기념품점은 어디에 있습니까?

ミュージアムショップはどこにありますか。

뮤-지아무 숍푸와 도꼬니 아리마스까

A: 개관 시간은 몇 시입니까? □□□

B: 오전 10시부터 오후 6시까지입니다.

Unit 49

문화시설・동식물원에서

A: 子供(こども)の入場料(にゅうじょうりょう)はいくらですか。

고도모노 뉴-죠-료-와 이꾸라데스까

어린이 입장료는 얼마예요?

B: 今日(きょう)は無料(むりょう)です。

쿄-와 무료-데스

오늘은 무료입니다.

Check Point!

일본에서 동물원의 관람 형태나 방법은 차이가 없으며, 규모나 사육되는 동물의 개체 수는 차이가 있습니다. 일본을 대표하는 동물원으로는 개원 130년 역사를 자랑하는 上野(うえの) 동물원이 있습니다. 동물원 뿐만 아니라 다른 유명 여행 관광지도 마찬가지지만 일본 특유의 아기자기함과 세심함과 배려가 있습니다.

근처에 콘서트홀이 생겼어요.

近所(きんじょ)にコンサートホールができました。

킨죠니 콘사-토호-루가 데끼마시다

이번에는 시민홀에서 연주회가 있어요.

今度(こんど)は市民(しみん)ホールで演奏会(えんそうかい)があります。

곤도와 시밍호-루데 엔소-까이가 아리마스

이 식물원은 아주 넓어요.

この植物園(しょくぶつえん)はとても広(ひろ)いです。

고노 쇼꾸부쯔엥와 도떼모 히로이데스

여기는 일본에서 가장 큰 동물원입니다.

ここは日本(にほん)で最大(さいだい)の動物園(どうぶつえん)です。

고꼬와 니혼데 사이다이노 도-부쯔엔데스

이 빌딩에는 수족관도 있어요.

このビルには水族館(すいぞくかん)もあります。

고노 비루니와 스이조꾸깜모 아리마스

여기는 천천히 자연 관찰을 할 수 있어요.

ここはゆっくり自然観察(しぜんかんさつ)ができますよ。

고꼬와 육꾸리 시젱 칸사쯔가 데끼마스요

A: 어린이 입장료는 얼마예요?

B: 오늘은 무료입니다.

□ □ □

학습일 / □

공공장소

도서관에서

A: 日課(にっか)が終(お)わったら、図書館(としょかん)に行(い)くよ。

니까가 오왓따라, 도쇼깐니 이꾸요

일과가 끝나면 도서관에 가.

B: あ、そう。あれが図書館(としょかん)なの。

아, 소-. 아레가 도쇼깐나노

아, 그래. 저게 도서관이니?

Check Point!

도서관 안에서 카페처럼 음료수 등은 마실 수 없지만, 국공립 도서관은 무료로 이용이 가능하며, 개관시간 안이라면 시간 제약도 받지 않고 자리를 차지하고 공부할 수 있습니다. 일본 도서관은 특별히 출입에 무언가 제시를 요구하는 일도 없으며, 일본의 図書館(としょかん)은 市立(しりつ)와 区立(くりつ) 도서관이 제일 많습니다.

Basic Expression

도서관에서 책을 빌려 올게요.

と しょかん　　ほん　　か

図書館で本を借りてきますよ。

도쇼깐데 홍오 가리떼 기마스요

이 책은 빌릴 수 있는 겁니까?

ほん　　か

この本は借りられるのですか。

고노 홍와 가리라레루노데스까

컴퓨터로 검색하세요.

けんさく

コンピューターで検索してください。

콤퓨-타-데 겐사꾸시떼 구다사이

이것은 대출 중입니다.

か　　だ　　ちゅう

これは貸し出し中です。

고레와 가시다시쮸-데스

대출 기간은 1주일입니다.

か　　だ　　き かん　　しゅうかん

貸し出し期間は1週間です。

가시다시 기깡와 잇슈-깐데스

도서관에 책을 돌려주고 올게요.

と しょかん　　ほん　　かえ

図書館に本を返してきますよ。

도쇼깐니 홍오 가에시떼 기마스요

☐ ☐ ☐

A: 일과가 끝나면 도서관에 가.

B: 아, 그래. 저게 도서관이니?

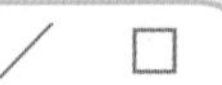

병원에서

A: この病院(びょういん)での受診(じゅしん)はじめてですか。

고노 뵤-인데노 쥬싱와 하지메떼데스까

이 병원에서의 진료는 처음이세요?

B: はじめてではないのですが。

하지메떼데와 나이노데스가

처음은 아니고요.

Check Point!

의사에게 진찰을 받고 싶을 때는 먼저 호텔 프런트에 증상을 설명하고 해당 의료기관을 소개받습니다. 또한 관광안내소에서도 가까운 의료기관을 소개받을 수 있으며, 만약 해외여행보험에 가입했을 경우에도 보험사에 연락하여 의료기관을 소개받을 수 있습니다. 병원에서 들어가면 먼저 접수를 하고 문진표를 작성한 다음 의사의 진찰과 처방을 받고 수납하면 됩니다.

Basic Expression

무슨 과의 진료를 원하세요?

なにか　じゅしん　きぼう
何科の受診をご希望ですか。
나니까노 쥬싱오 고키보-데스까

보험증은 가지고 계세요?

ほけんしょう　も
保険証はお持ちでしょうか。
호겐쇼-와 오모찌데쇼-까

이 병원에서의 진료는 처음이세요?

びょういん　じゅしん
この病院での受診ははじめてですか。
고노 뵤-인데노 쥬싱와 하지메떼데스까

다음에는 언제 오면 되죠?

こんど　き
今度はいつ来たらいいでしょうか。
곤도와 이쯔 기따라 이-데쇼-까

몇 번 통원해야 하죠?

なんかいつういん
何回通院しないといけませんか。
낭까이 쓰-인시나이또 이께마셍까

오늘 진찰비는 얼마에요?

きょう　しんさつだい
今日の診察代はおいくらですか。
쿄-노 신사쯔다이와 오이꾸라데스까

A: 이 병원에서의 진료는 처음이세요?

B: 처음은 아니고요.

□ □ □

증세를 물을 때

A: このような症状(しょうじょう)は、以前(いぜん)にもありましたか。

고노요-나 쇼-죠-와, 이젠니모 아리마시다까

이런 증상은 이전에도 있었어요?

B: いいえ、はじめてです。

이-에, 하지메떼데스

아뇨, 처음입니다.

현지에서 몸이 아플 때 말이 통하지 않으면 매우 당혹스럽습니다. 이럴 때는 현지 가이드의 통역을 받는 것이 가장 손쉬운 일이지만, 혼자일 경우에는 아픈 증상을 정확하게 전달할 수 있는 의사소통의 능력을 갖추어야 합니다. 우리와 마찬가지로 대부분의 병원은 접수를 하고 대기하면 순서대로 호출을 합니다. 의사가 증상을 물으면 정확하게 증상을 말하도록 합시다.

Basic Expression

오늘은 어땠어요?

今日(きょう)はどうなさいましたか。

쿄-와 도- 나사이마시다까

어디 아프세요?

どこか痛(いた)みますか。

도꼬까 이따미마스까

여기를 누르면 아파요?

ここを押(お)すと痛(いた)いですか。

고꼬오 오스또 이따이데스까

어느 정도 간격으로 머리가 아프세요?

どれくらいおきに頭痛(ずつう)がしますか。

도레쿠라이 오끼니 즈쓰-가 시마스까

이런 증상은 이전에도 있었어요?

このような症状(しょうじょう)は、以前(いぜん)にもありましたか。

고노요-나 쇼-죠-와, 이젠니모 아리마시다까

알레르기 체질인가요?

アレルギー体質(たいしつ)ですか。

아레루기- 타이시쯔데스까

A: 이런 증상은 이전에도 있었어요?

B: 아뇨, 처음입니다.

□ □ □

증상을 설명할 때

A: 頭痛(ずつう)と発熱(はつねつ)があって、のども痛(いた)いんです。

조쓰-또 하쯔네쯔가 앗떼, 노도모 이따인데스

두통과 발열이 있고 목도 아파요.

B: いつからですか。

이쯔까라데스까

언제부터입니까?

의사에게 진료를 받을 때는 아픈 증상을 자세하게 말해야 정확한 진단이 나옵니다. 말이 잘 통하지 않을 때는 한국어를 잘 아는 의사를 부탁하거나 통역을 불러 진료를 받도록 하세요. 아픈 증상을 일본어로 말할 때는 확실히 밝혀진 것이 아니기 때문에 불확실한 단정을 나타내는 ~ようです(~인 것 같습니다)나 회화체인 ~みたいです로 표현하는 경우가 많습니다.

열이 있고 기침이 있어요.

熱(ねつ)があり、せきが出(で)ます。

네쯔가 아리, 세끼가 데마스

조금 열이 있는 것 같아요.

すこし熱(ねつ)があるようです。

스꼬시 네쯔가 아루요-데스

미열이 있는 것 같아요.

微熱(びねつ)があるようです。

비네쯔가 아루요-데스

유행성 독감에 걸린 것 같아요.

流感(りゅうかん)にかかったみたいです。

류-깐니 가캇따미따이데스

토할 것 같아요.

吐(は)きそうです。

하끼소-데스

어젯밤부터 두통이 심해요.

ゆうべから頭痛(ずつう)がひどいです。

유-베까라 즈쓰-가 히도이데스

A: 두통과 발열이 있고 목도 아파요. ☐ ☐ ☐

B: 언제부터입니까?

아픈 곳을 말할 때

A: ひざを曲(ま)げられますか。

히자오 마게라레마스까

무릎을 구부릴 수 있나요?

B: とても痛(いた)くて曲(ま)げられません。

도떼모 이따꾸떼 마게라레마셍

너무 아파서 굽힐 수 없어요.

여행을 하다 보면 뜻하지 않게 사고로 다치거나 몸이 아파서 병원을 찾아야 하는 경우가 있습니다. 의사가 물으면 아픈 곳을 손으로 가리키며 정확히 말하도록 합시다. 일본어에서 우리말 '아프다'에 해당하는 단어는 痛い와 痛む가 있습니다. 痛い는 형용사이며 痛む는 동사입니다. 따라서 형용사와 동사는 서술어이기 때문에 활용 방법만 다르지 의미에는 차이가 없습니다.

Basic Expression

배가 아파요.

腹(はら)が痛(いた)みます。

하라가 이따미마스

허리가 아파서 움직일 수 없어요.

腰(こし)が痛(いた)くて動(うご)けません。

고시가 이따꾸떼 우고께마셍

귀가 울려요.

耳鳴(みみな)りがします。

미미나리가 시마스

무좀이 심해요.

水虫(みずむし)がひどいのです。

미즈무시가 히도이노데스

아파서 눈을 뜰 수 없어요.

痛(いた)くて目(め)を開(あ)けていられません。

이따꾸떼 메오 아께떼 이라레마셍

이 주위를 누르면 무척 아파요.

このあたりを押(お)すとひどく痛(いた)いです。

고노 아따리오 오스또 히도꾸 이따이데스

A: 무릎을 구부릴 수 있나요? ☐ ☐ ☐

B: 너무 아파서 굽힐 수 없어요.

검진을 받을 때

A: この検査(けんさ)は痛(いた)いですか。

고노 켄사와 이따이데스까

이 검사는 아파요?

B: いいえ、痛(いた)みは一切(いっさい)ありません。

이-에, 이따미와 잇사이 아리마셍

아뇨, 통증은 전혀 없습니다.

병원에서 진찰을 받은 결과 보다 정확한 진단을 위해 몇 가지 검사나 검진을 하는 경우가 있습니다. 만약을 대비해서 병원 검진에 필요한 표현을 익혀두가 바랍니다. 건강검진의 경우 인기있는 종합병원의 경우 1년 후의 예약까지 다 차있다고 합니다. 하지만 일본에서 거주하거나 유학생활을 하는 경우 이외는 여행을 하면서 건강검진을 받을 일은 없습니다.

Basic Expression

목을 보여 주세요.

喉(のど)を見(み)せてください。

노도오 미세떼 구다사이

혈압을 잴게요.

血圧(けつあつ)を計(はか)ります。

게쯔아쯔오 하까리마스

여기 엎드려 누우세요.

ここにうつぶせに寝(ね)てください。

고꼬니 우쯔부세니 네떼 구다사이

숨을 들이쉬고 멈추세요.

息(いき)を吸(す)って止(と)めてください。

이끼오 슷떼 도메떼 구다사이

저는 어디가 안 좋아요?

わたしはどこが悪(わる)いのでしょうか。

와따시와 도꼬가 와루이노데쇼-까

결과는 1주일 후에 나옵니다.

結果(けっか)は1週間後(しゅうかんご)に出(で)ます。

겍까와 잇슈-깡고니 데마스

□ □ □

A: 이 검사는 아파요?

B: 아뇨, 통증은 전혀 없습니다.

이비인후과에서

A: 聴力検査(ちょうりょくけんさ)を受(う)けたいんですが。

쵸-료꾸켄사오 우께따인데스가

청력검사를 받고 싶은데요.

B: 耳(みみ)に何(なに)か異常(いじょう)がありますか。

미미니 나니까 이죠-가 아리마스까

귀에 무슨 이상이 있나요?

일본의 耳鼻咽喉科(じびいんこうか)도 우리나라 이비인후과와 마찬가지로 귀, 코, 목에 관련된 질환을 치료하는 곳입니다. 귀가 아프거나 코나 목이 아플 때는 가까운 곳에 있는 이비인후과에서 진료를 받을 수 있으며, 심할 경우에는 종합병원에서 정밀진단 후 치료를 받을 수 있습니다. 물론 감기가 들었을 때도 진료를 받을 수 있습니다.

Basic Expression

귀에 무언가 들어간 것 같아요.

耳(みみ)に何(なに)か入(はい)ったようです。

미미니 나니까 하잇따요-데스

코를 풀면 귀가 아파요.

鼻(はな)をかむと耳(みみ)が痛(いた)いです。

하나오 카무또 미미가 이따이데스

코피가 가끔 나와요.

鼻血(はなぢ)がときどき出(で)ます。

하나지가 도끼도끼 데마스

코가 막혀서 숨을 쉴 수 없어요.

鼻(はな)がつまって、息(いき)ができません。

하나가 쓰맛떼, 이끼가 데끼마셍

심하게 기침이 나고 목이 아파요.

ひどく咳(せき)が出(で)て、喉(のど)が痛(いた)いです。

히도꾸 세끼가 데떼, 노도가 이따이데스

지금은 침을 삼키는 것도 힘들어요.

今(いま)は唾(つば)を飲(の)むのも苦(くる)しいのです。

이마와 쓰바오 노무노모 구루시-노데스

□ □ □

A: 청력검사를 받고 싶은데요.

B: 귀에 무슨 이상이 있나요?

안과에서

A: 左目（ひだりめ）がちょっと悪（わる）いようですが。

히다리메가 춋또 와루이요-데스가

왼쪽 눈이 좀 안 좋은 것 같은데요.

B: じゃ、調（しら）べてみましょう。目（め）を大（おお）きく開（あ）けてください。

쟈 시라베떼 미마쇼-. 메오 오-끼꾸 아께떼 구다사이

자, 검사해봅시다. 눈을 크게 뜨세요.

안과에 진료를 받으러 갈 때는 미리 예약을 하고 가는 게 기다리지 않고 제 시간에 진료를 받을 수 있습니다. 병원에 도착해서 일본 거주자라면 건강보험증을 제출하고 용무를 말하고 의자에 앉아서 기다리면 됩니다. 우리와는 달리 렌즈는 병원에서도 구할 수 있으며, 여행객이라면 보험이 없으므로 진찰비와 약값을 100% 부담해야 합니다.

Basic Expression

최근에 시력이 떨어진 것 같아요.

さいきん　しりょく　お
最近、視力が落ちたようです。

사이낑, 시료꾸가 오치따요-데스

안경을 쓰면 머리가 아파요.

めがね　あたま　いた
眼鏡をかけると、頭が痛いです。

메가네오 가께루또, 아따마가 이따이데스

가까운 사물이 잘 보이지 않아요.

ちか　もの　み
近くの物がよく見えません。

치카꾸노 모노가 요꾸 미에마셍

눈이 충혈되어 있어요.

め　じゅうけつ
目が充血しています。

메가 쥬-케쯔시떼 이마스

눈을 감으면 아파요.

め　いた
目をつぶると、痛いです。

메오 쓰부루또, 이따이데스

눈에 다래끼가 났어요.

め　もの
目に物もらいができています。

메니 모노모라이가 데끼떼 이마스

A: 왼쪽 눈이 좀 안 좋은 것 같은데요.

B: 자 검사해봅시다. 눈을 크게 뜨세요.

치과에서

A: 先生(せんせい)、歯(は)ブラシはどんなものがいいでしょうか。

센세-, 하부라시와 돈나 모노가 이-데쇼-까

선생님, 칫솔은 어떤 게 좋을까요?

B: どなたが使(つか)うのですか。

도나따가 쓰까우노데스까

어느 분이 쓰실 겁니까?

여행 중에 병원에 갈 일이 없으면 좋겠지만 여행을 하다보면 아파서 병원에 가야 할 일이 생기는 경우가 있습니다. 만약 이가 아프면 歯科(しか)에 가서 歯医者(はいしゃ)에게 진료를 받아야 합니다. 치과에 가면 치석을 제거하거나(歯石を削る) 충치를 치료합니다(虫歯を治療する). 임플란트나 교정 등은 비싸므로 한국에서 하는 게 좋습니다.

Basic Expression

치석을 제거하러 왔어요.

しせき　けず　き
歯石を削りに来ました。
시세끼오 케즈리니 기마시다

충치 치료를 받으러 왔어요.

むしば　ちりょう　う　き
虫歯の治療を受けに来ました。
무시바노 치료-오 우께니 기마시다

이가 몹시 아파요.

は　いた
歯がひどく痛いんです。
하가 히도꾸 이따인데스

잇몸이 아파요.

はぐき　いた
歯茎が痛いです。
하구끼가 이따이데스

이를 닦으면 잇몸에서 피가 나와요.

は　みが　はぐき　ち　で
歯を磨くと、歯茎から血が出ます。
하오 미가꾸또, 하구끼까라 치가 데마스

어제 치과의사에게 진찰을 받았습니다.

はいしゃ　み
きのう歯医者に見てもらいました。
기노- 하이샤니 미떼 모라이마시다

□□□

A: 선생님, 칫솔은 어떤 게 좋을까요?

B: 어느 분이 쓰실 겁니까?

입퇴원 또는 병문안할 때

A: 木村(きむら)さん、どうしたんですか。

기무라상, 도-시딴데스까

기무라 씨, 어떻게 된 거죠?

B: ええ、交通事故(こうつうじこ)で軽(かる)い怪我(けが)をしまして…。

에-, 고-쓰-지꼬데 가루이 게가오 시마시떼

예, 교통사고로 가볍게 다쳐서요….

Check Point!

병문안을 할 때 가지고 가는 선물로 꽃도 좋지만 꽃보다는 음료수나 먹을 것 등을 가지고 가는 게 좋습니다. 그리고 병원에서는 조용히 말을 해야 합니다. 만약 병실이 1인실이 아니라면 옆에 계시는 분들에게도 피해가 되기 때문입니다. 환자와의 긴 시간 동안 함께 있는 것은 예의가 아니므로 상대의 쾌차를 빌고 일찍 나오는 것도 좋습니다.

Basic Expression

어느 병원에 입원했죠?

どこの病院(びょういん)に入院(にゅういん)しましたか。

도꼬노 뵤-인니 뉴-인시마시다까

요시무라 씨 병실은 어디죠?

吉村(よしむら)さんの病室(びょうしつ)はどこですか。

요시무라산노 뵤-시쯔와 도꼬데스까

빨리 회복하세요.

早(はや)く、よくなってくださいね。

하야꾸, 요꾸낫떼 구다사이네

생각보다 훨씬 건강해 보이네요.

思(おも)ったよりずっと元気(げんき)そうですね。

오못따요리 즛또 겡끼소-데스네

반드시 곧 건강해질 거예요.

きっとすぐ元気(げんき)になりますよ。

깃또 스구 겡끼니 나리마스요

아무쪼록 몸조리 잘하세요.

くれぐれもお大事(だいじ)に。

구레구레모 오다이지니

59 대화 다시듣기

☐☐☐

A: 기무라 씨, 어떻게 된 거죠?

B: 예, 교통사고로 가볍게 다쳐서요....

학습일 / □

약국에서

A: 旅行疲(りょこうづか)れによく効(き)く薬(くすり)はありますか。

료꼬-즈까레니 요꾸기꾸 구스리와 아리마스까

여행 피로에 잘 듣는 약은 있어요?

B: これは旅行疲(りょこうづか)れによく効(き)きます。

고레와 료꼬-즈까레니 요꾸 기끼마스

이건 여행 피로에 잘 듣습니다.

일본도 우리처럼 의사의 진단이 없이는 약을 함부로 조제받거나 간단한 약을 사는데도 의사의 처방이 필요한 경우가 있으므로 병원에 가서 의사의 처방을 받아야 합니다. 또한 요즘 일본에서는 병원 진료를 받으려면 너무 많이 기다려야 하기 때문에 심각한 통증이나 질환이 아닌 대다수의 소비자는 드럭스토어에 가서 일반의약품을 사 먹고 얼른 문제를 해결하려고 합니다.

Basic Expression

이 약으로 통증이 가라앉을까요?

この薬(くすり)で痛(いた)みがとれますか。

고노 구스리데 이따미가 도레마스까

피로에는 무엇이 잘 들어요?

疲(つか)れ目(め)には何(なに)が効(き)きますか。

쓰까레메니와 나니가 기끼마스까

바르는 약 좀 주세요.

塗(ぬ)り薬(ぐすり)がほしいのですが。

누리구스리가 호시-노데스가

몇 번 정도 복용하죠?

何回(なんかい)くらい服用(ふくよう)するのですか。

낭까이 쿠라이 후꾸요-스루노데스까

한 번에 몇 알 먹으면 되죠?

1回(かい)に何錠(なんじょう)飲(の)めばいいですか。

익까이니 난죠- 노메바 이-데스까

진통제는 들어 있어요?

痛(いた)み止(ど)めは入(はい)っていますか。

이따미도메와 하잇떼 이마스까

□ □ □

A: 여행 피로에 잘 듣는 약은 있어요?

B: 이건 여행 피로에 잘 듣습니다.